¡Prepárate para el regreso de Jesús!

A. W. TOZER

Compilado y editado por James L. Snyder

¡PREPÁRATE PARA EL REGRESO DE JESÚS!

VIVE CADA DÍA LA BENDITA ESPERANZA

EDITORIAL PORTAVOZ

Título del original: *Preparing for Jesus' Return* © 2012 por James L. Snyder y publicado por Regal, de Gospel Light, Ventura, California, USA. Traducido con permiso.

Edición en castellano: *¡Prepárate para el regreso de Jesús!* © 2016 por Editorial Portavoz, filial de Kregel, Inc., Grand Rapids, Michigan 49505. Todos los derechos reservados.

Traducción: Daniel Menezo

EDITORIAL PORTAVOZ
2450 Oak Industrial Drive NE
Grand Rapids, Michigan 49505 USA
Visítenos en: www.portavoz.com

ISBN 978-0-8254-5617-6 (rústica)
ISBN 978-0-8254-6412-6 (Kindle)
ISBN 978-0-8254-8542-8 (epub)

1 2 3 4 5 edición / año 25 24 23 22 21 20 19 18 17 16

Impreso en los Estados Unidos de América
Printed in the United States of America

CONTENIDO

VIVE LA BENDITA ESPERANZA

Ninguna verdad bíblica era más querida para el corazón de A. W. Tozer que la que habla del regreso inminente del Señor Jesucristo. El hecho de centrar la mira en nuestra bendita esperanza dictó buena parte de su pasión para exhortar a los creyentes a trascender los tiempos en que viven y fijar su vista en Jesús, nuestro Rey que pronto vendrá. Tozer enseñó que ninguna calamidad que rodee a quienes están preparados para el regreso de Jesús puede conmover la seguridad apacible y la confianza de que Jesucristo *volverá*.

En su época, a Tozer no se le conocía como maestro de profecía bíblica. Sin embargo, enseñó bastante sobre este tema. Se refería a la profecía bíblica como "la prehistoria", y elaboró esta serie de mensajes sobre el libro de Apocalipsis para alentar a todos los creyentes a prepararse y mantenerse firmes en esta era que conduce a la segunda venida del Señor. La bendita esperanza es lo que buscaba Tozer, aquello para lo que vivía.

Tozer creía que un motivo importante para estudiar hoy las profecías es que a lo largo de la historia se ha abusado de ellas. Casi todas las generaciones han tenido ejemplos de personas que clamaban: "¡Ya llega el fin!", y que afirmaban conocer el día y la hora del regreso de nuestro Señor, a pesar de que la Biblia enseña claramente que "del día y la hora nadie sabe" (Mt. 24:36).

Algunos predicadores que, en mi opinión, buscan salir en primera plana esperan que Cristo les dé cierto margen de maniobra o, al menos, tiempo suficiente para escribir un libro y darse a conocer como el escritor que predijo con exactitud el regreso del Señor. Afortunadamente, nuestro Señor no hace caso de semejantes disparates.

Tozer señala con toda franqueza la diferencia entre el místico y el racionalista evangélico tocante al libro de Apocalipsis. Seguramente aquí algunos harán una pausa para plantearse de qué lado van a estar. Tozer explica: "Un místico evangélico como Juan está en la presencia del Dios maravilloso y exclama: '¡Santo, santo, santo!', cayendo a sus pies como si estuviera muerto. El racionalista evangélico reflexiona sobre el asunto y dice: 'Podemos comprenderlo, sabemos qué pasa aquí', y entonces escribe un libro largo y erudito sobre lo que ha visto, describiéndolo con total exactitud".

Como seguramente sabes, Tozer se puso de parte del místico evangélico. Así es cómo abordó la profecía bíblica; no para hacer encajar todas las piezas pequeñas y las personas, sino para centrarse en el Señor Jesucristo que volverá. Después de todo, se trata de la revelación o manifestación de Jesucristo.

Creo que una de las cosas importantes que destaca este libro es que, independientemente de tu opinión sobre el momento exacto en que vendrá el Señor, *no deberías* convertir tu visión concreta de la profecía bíblica en un criterio para aceptar o rechazar la comunión de otros cristianos. Podemos estar de acuerdo en discrepar. Podemos tener distintas opiniones sin destruir nuestra comunión. Esta es una trampa del enemigo: hacer que el pueblo de Dios discuta sobre una porción particular de la profecía bíblica sin tener en cuenta que forma parte de un todo más amplio.

En lugar de permitir que la profecía bíblica sea el gran elemento cismático, debería cohesionarnos en torno a nuestro

Señor resucitado y glorificado, que pronto aparecerá. Sin importar tu punto de vista particular, el centro de tu visión es Jesucristo. Por lo tanto, no discutamos sobre la manga derecha de la túnica de Cristo como oposición a la manga izquierda. Para hacer una túnica hacen falta las dos mangas, y necesitamos toda la profecía bíblica para centrar la vista en la persona del Señor Jesucristo.

El mensaje de Tozer no es especulativo, sino que ofrece esperanza. En medio de nuestros tiempos, debemos alzar la vista porque "nuestra redención está cerca" (Lc. 21:28). Casi se nos acaba el tiempo, pero entre tanto debemos estar ocupados hasta que Él venga. No debemos ocuparnos en intentar dilucidar el día o el momento exacto. Más bien, debemos vivir diariamente con el conocimiento de que podría regresar en cualquier momento, mientras al mismo tiempo seguimos realizando la misión que Él nos ha encomendado.

Cuando Tozer empezó su ministerio, era un evangelista apasionado. Celebraba reuniones evangelísticas en iglesias, campamentos y en todos los lugares donde pudiera reunir a un público, lo cual a veces suponía hacerlo en las esquinas de las calles. A medida que se hizo mayor, su énfasis empezó a desviarse hacia la vida cristiana más profunda. A pesar de que Tozer predicó los sermones aquí presentados durante los dos o tres últimos años de su vida, siguen conteniendo un poderoso elemento evangelístico. Sin importar dónde empieza y cuál es su tema, siempre induce al lector a plantearse lo siguiente: *¿Qué harás con Jesucristo ahora mismo?* y *¿Estás listo para su venida?*

La mejor alabanza que pudiera recibir Tozer de este libro sería que le dijeras que ha encendido en tu corazón una pasión inextinguible por el Señor Jesucristo, nuestra bendita esperanza.

"Amén; sí, ven, Señor Jesús" (Ap. 22:20).

Rev. James L. Snyder

1

LA ERA DE LA BENDITA ESPERANZA

Padre celestial, me inclino ante tu presencia esperando humildemente en tu gracia y tu bondad. Ruego que mi corazón esté dispuesto en justicia y santidad para recibirte cuando regreses. Vivo cada día en la expectativa de tu regreso inminente. Te ruego que viva diariamente la bendita esperanza. Amén.

La profecía bíblica es un campo que está cargado con mucho equipaje religioso. El propósito de este libro es apartar ese lastre y llegar a la esencia del tema. Para cumplir ese objetivo necesitamos dos cosas: *precaución y valor*. Debemos tener cuidado de no permitir que el centro de nuestro estudio se aparte de Jesucristo. Y debemos mantener valientemente la vista fija en el propósito central de la bendita esperanza, que es la venida de nuestro Señor, para no quedarnos atrapados en el cenagal de las trivialidades religiosas. Mientras elaboraba esta enseñanza, pedí a Dios sabiduría para conocer la diferencia entre ambas cosas.

El propósito de la profecía bíblica no es el de alarmarnos, sino el de alertarnos en cuanto a los tiempos venideros para que nos preparemos para el regreso de Jesús. Este es uno de los grandes temas de la Biblia, que ofrece al creyente consuelo y ánimo; de aquí la expresión "la bendita esperanza". En un mundo repleto de todo tipo de incertidumbre, el creyente posee el consuelo de la bendita esperanza, que significa que Jesús pronto regresará.

Admito de antemano que la profecía bíblica es un campo

fértil para las sectas religiosas y los embustes, y que ha sido la perdición de muchos cristianos modernos. Las herejías asociadas con la profecía bíblica, sobre todo el libro de Apocalipsis, han inducido a muchos a apartarse por completo del tema. Aunque abunden las herejías en este campo, no me apartaré de lo que enseña la Biblia, porque la profecía es la bendita esperanza del creyente.

Después de leer muchos libros sobre profecía y revelación, he llegado a la conclusión de que algunos maestros de profecía creen que saben más sobre ella que el apóstol Juan, quien escribió el libro de Apocalipsis. No se me ocurre cómo adquirieron ese conocimiento. Saben más que Daniel; son más sabios que Isaías, y ven mejor el futuro que el amado apóstol Juan. Estos maestros seudoproféticos hacen predicciones que aquellos hombres de Dios de la antigüedad no habrían hecho jamás. Aquellos entendían el propósito de la profecía bíblica, mientras que muchos de estos maestros modernos no lo hacen; por lo tanto, se especializan en los detalles superficiales.

No pienso perder ni mi tiempo ni el tuyo centrándome en la capa exterior de la profecía bíblica. En lugar de eso, tengo intención de profundizar en su esencia. El propósito supremo de la profecía es alertarnos ante el hecho de que Jesús vuelve. Al examinar lo que tiene que decir la Biblia sobre la profecía, empezamos a comprender la naturaleza y el carácter de Aquel que pronto volverá, el Señor Jesucristo.

Su venida es segura

Durante su ministerio público, nuestro Señor enseñó a sus discípulos que volvería de nuevo al mundo. Por consiguiente, todos los apóstoles enseñaron que Jesús regresaría. A lo largo de los años, los padres de la Iglesia defendieron esta verdad, que Jesucristo vendrá de nuevo a este mundo. Incluso los ángeles vestidos de blanco que le vieron ascender a los cielos dijeron: "Varones galileos, ¿por qué estáis mirando al cielo? Este mismo Jesús, que ha sido tomado de vosotros al cielo, así vendrá como le habéis visto ir al cielo" (Hch. 1:11).

Para el estudioso serio de la Biblia, no cabe ninguna duda de que Jesús volverá. Leer la Biblia y no llegar a esta conclusión es la máxima expresión de la hipocresía. Cuando hablo de la Segunda Venida soy consciente de que algunos de los supuestos expertos en profecía van desperdigando por ahí diversos puntos de vista.

Cuando intentaban comprender y explicar la Segunda Venida, algunos sostenían que era una definición de la muerte. Por supuesto, esto significaría que, cada vez que un cristiano muere, el Señor vuelve al mundo. Las Escrituras enseñan que Cristo vino y vendrá para dos cosas: la primera fue morir, y la segunda será reinar. Por consiguiente, si Cristo viniera cada vez que fallece un cristiano, esto supondría que el regreso de Cristo tendría que repetirse cada vez que muriera uno de sus hijos. Esta es una mala interpretación del regreso de Cristo.

No sé muy bien de dónde sacaron sus opiniones estos "expertos en profecía", pero estas socavan el concepto de la bendita esperanza. Nuestra esperanza no radica en el hecho de que un día moriremos, sino en que Jesucristo, con toda su gloria, volverá a la Tierra a gobernar, a reinar. Esto es lo que espero, y esto es para lo que vivo.

Basándome en mi comprensión de las Escrituras, creo firmemente que vivimos en unos días que son grandes y dramáticos. A nuestros tiempos los llamo "la era de la bendita esperanza". Ni siquiera los medios de comunicación, que están en todas partes, pueden comprender de verdad cuán grandes, impresionantes y solemnes son los tiempos en los que vivimos. La propia atmósfera de nuestra época nos impulsa hacia la bendita esperanza. "Erguíos y levantad vuestra cabeza" (Lc. 21:28).

Aunque sabemos con certeza que el Señor viene, no sabemos

cuándo lo hará. Ahí está el problema. No podemos predecir el momento exacto en que volverá. Desde los tiempos apostólicos, nadie ha sido lo bastante inteligente o lo bastante experto en las Escrituras como para saber la época, el día y la hora exactos del regreso de Jesús. Algunos han hecho sugerencias, pero todos han fallado, porque nadie puede saberlo con seguridad.

La Biblia no nos proporciona un calendario profético que, como el horario de un tren, nos ofrezca el nombre de cada estación, la hora a la que llegará el tren y cuándo partirá. Por consiguiente, interpretar rígidamente lo que dicen las Escrituras supone deshonrar su integridad. La Biblia es un libro que ofrece una visión majestuosa, que nos habla del futuro con grandes pinceladas, de una forma muy parecida a como un artista pintaría un cuadro en el cielo. El panorama tiene unas dimensiones tan tremendas que para captarlo completamente hemos de alejarnos. Los detalles se pierden en la grandeza de la bendita esperanza del regreso de Jesús. A pesar de que no sé con seguridad el momento, mientras esté subido a ese tren y vaya en la dirección correcta, en realidad no me importa saber exactamente cuándo volverá el Señor.

No sé qué pasará mañana. Nadie lo sabe, ni siquiera los ángeles; solo lo sabe nuestro Padre que está en los cielos. Si nosotros, simples mortales, nos sentimos incapaces de predecir el mañana, no nos desanimemos, porque los grandes líderes de este mundo tampoco pueden hacerlo.

Y los reyes de la tierra, y los grandes, los ricos, los capitanes, los poderosos, y todo siervo y todo libre, se escondieron en las cuevas y entre las peñas de los montes; y decían a los montes y a las peñas: Caed sobre nosotros, y escondednos del rostro de aquel que está sentado sobre el trono, y de la ira del Cordero; porque el gran día de su ira ha llegado; ¿y quién podrá sostenerse en pie? (Ap. 6:15-17).

Estos grandes hombres del mundo clamarán para que los montes caigan sobre ellos y los oculten de la ira del Cordero. Es cierto que son grandes personalidades, pero su grandeza les escondió la verdad maravillosa de la bendita esperanza. Mientras se ocupaban en ser grandes, se perdieron lo más importante del mundo: Jesucristo.

Hacer cualquier tipo de predicción sobre los acontecimientos mundiales sin tener en cuenta las Escrituras supone practicar una forma de locura religiosa que solo sirve para confundir a las personas, que al final tiran la toalla y dicen: "No entiendo la profecía. Supongo que no es para mí". Toda predicción sobre el regreso de nuestro Señor que se base en la formación académica o en la tecnología está equivocada sin duda alguna, y solo conduce al desaliento y, al final, a abandonar lo que tiene que decir la Biblia sobre el retorno de Jesús. La bendita esperanza es para el creyente, y aporta consuelo, seguridad y confianza al corazón del cristiano en medio de las turbulencias de este mundo. No nos centramos en las calamidades que nos rodean, sino en su gloriosa venida. La profecía no es para el ojo crítico o curioso, sino para el que se centra en el Señor Jesucristo y espera a Aquel que viene.

Por lo tanto, el propósito de la profecía bíblica no es el de alarmarnos, sino el de alertarnos sobre las circunstancias que conducen al regreso del Señor. Esta actitud alerta debe inducirnos a estar listos, y la Biblia nos dice mucho sobre cómo podemos estar preparados para su retorno.

Las señales del regreso del Señor

En Mateo 24, nuestro Señor nos expuso las características de los tiempos que precederían a su regreso. Aunque no divulgó los días o las horas, sí ha proporcionado evidencias firmes para aquellos que sean dignos de recibirlas y creerlas. Esos tiempos previos a la vuelta de Jesucristo presentan cinco características.

Falsos mesías

Jesús señaló: "Porque vendrán muchos en mi nombre, diciendo: Yo soy el Cristo; y a muchos engañarán... Y muchos falsos profetas se levantarán, y engañarán a muchos" (Mt. 24:5, 11). Más adelante explicó: "Porque se levantarán falsos Cristos, y falsos profetas, y harán grandes señales y prodigios, de tal manera que engañarán, si fuere posible, aun a los escogidos" (v. 24).

Desde el momento en que Caín mató a Abel, nunca ha habido un instante en que algún fanático desbocado no haya creído ser Dios o haya intentado ser el Mesías y redimir al mundo. Estos engaños mesiánicos siempre nos han acompañado en la Tierra. Pero Jesús enseñó que habría una época anterior a su venida en la que semejantes fraudes alcanzarían su máxima expresión. No puedo menos que pensar que ahora mismo ya vemos algo de eso.

Cada generación ha tenido a alguien que ha venido a decir: "Soy el Mesías, y sé como traer la paz al mundo; puedo llevar a todos a la tierra prometida". Algunas de esas personas se han dedicado a la política, pero ha habido muchos religiosos. Me parece que la política y la religión tienen bastantes cosas en común, sobre todo por lo que respecta al control de las personas y de su destino. El hecho de que existan falsos Cristos es prueba de la venida cercana de Jesús. La imitación siempre nos dice que existe un original. Si no existiera algo real, no se podría falsificar. El hecho de que hoy día haya un número cada vez más elevado de personas que afirman ser Cristo es una prueba de que nos acercamos al regreso de Jesús. Y cada año que pasa esa cifra parece ir en aumento.

El poderío militar

Jesús también señaló que en los últimos tiempos oiríamos guerras y rumores de guerra. "Mirad que no os turbéis", advirtió Jesús, "porque es necesario que todo esto acontezca; pero aún no es el fin. Porque se levantará nación contra nación, y reino contra reino; y habrá pestes, y hambres, y terremotos en diferentes lugares" (Mt. 24:6-7). En nuestra generación somos testigos de un aumento del poderío militar como nunca antes se ha visto.

Justo después de la Primera Guerra Mundial, en Estados Unidos se produjeron movimientos antibélicos y el auge del pacifismo. Entonces muchos predicadores eran pacifistas, y decían: "Ilegalicemos la guerra". Incluso redactaron manifiestos, según los cuales no podría haber más guerras. La guerra estaba obsoleta. Todos sus argumentos señalaban al hecho de que "ya no habrá más guerra".

Un individuo solo tiene que leer libros de historia para descubrir que desde aquella época hasta hoy no ha habido ni cinco minutos de paz en este mundo. El ejército ha ido aumentando su importancia poco a poco. En Estados Unidos teníamos la obligación de tener ejército, pero no nos interesaba mucho. Básicamente, éramos civiles y el pueblo era el que mandaba. Lentamente se introdujo un cambio, y cada vez oímos más los discursos militares de los generales y las personalidades que nos dicen por dónde hemos de ir y qué debemos hacer. "Guerras y rumores de guerras... Porque se levantará nación contra nación, y reino contra reino" (Mt. 24:6-7).

Prueba a escuchar un noticiero actual que no se centre en uno u otro sentido en alguna guerra que se libre en este mundo. Jesús dijo que este aumento de la actividad militar era una de las evidencias de su pronto regreso.

El dominio de la maldad

Otra característica de la era de la bendita esperanza es que muchos se traicionarán unos a otros, hasta el punto de aborrecerse de verdad. Es un hecho demostrado que el control totalitario ha sido una técnica para doblegar a naciones enteras, y hemos sido testigos de ello en Rusia y en China bajo el gobierno comunista.

La intención de este proceso dependía de trastornar al individuo de tal modo que ya no pensara tanto en su familia o en su iglesia como en términos de la conquista del mundo, de modo que fuese capaz de vender hasta a su madre anciana para estar bien con los que mandaban. Los hombres siempre han traicionado a los hombres: Caín mató a Abel en un espantoso acto de ira; Judas traicionó a Cristo, y los hombres se han traicionado unos a otros a través de los siglos. Creo que vivimos en la era de la traición, y que la filosofía de la traición está por todas partes en este mundo.

El martirio de los creyentes

Jesús dijo: "Entonces os entregarán a tribulación, y os matarán, y seréis aborrecidos de todas las gentes por causa de mi nombre" (Mt. 24:9). No tengo que recordar a nadie las persecuciones por todo el planeta, desde aquel día en que Hitler se alzó y volvió su odio contra los judíos hasta el día de hoy. Los medios de comunicación nos cuentan lo que pasa por todo el mundo, y cómo los cristianos sufren e incluso son asesinados. La persecución es una técnica del totalitarismo tanto en la Iglesia como en el Estado. Cuanto más nos acerquemos al regreso de Jesús, más aumentarán las persecuciones centrándose en los creyentes repartidos por el mundo.

La decadencia moral de la Iglesia

Nadie pondría en duda el hecho de que las calles de nuestras ciudades no son seguras, y de que, independientemente de adónde vayas, siempre existe la amenaza de padecer violencia. Los tiempos cada vez se vuelven más peligrosos, y vivimos en la generación de las puertas cerradas. Cuando yo era pequeño, a nadie se le ocurría cerrar con llave la puerta. Hoy día es imposible encontrar puertas abiertas.

La iniquidad a la que me refiero en este apartado es más que el mundo por sí solo; tiene que ver principalmente con la Iglesia.

En esta generación nos enfrentamos a una Iglesia que ha abandonado el camino de la fe. Estoy hablando de personas de la Iglesia, y quiero formular dos preguntas muy importantes.

La primera es: ¿Cómo describirías tu pasión por la persona de Cristo? Las Escrituras enseñan que una de las evidencias de los últimos tiempos es esta: "Y por haberse multiplicado la maldad, el amor de muchos se enfriará" (Mt. 24:12). Por lo tanto, ¿hasta qué punto es ardiente el amor que sientes por el Señor Jesucristo?

La segunda pregunta es sencilla: ¿Qué te ha costado tu cristianismo? Nos hemos convertido en una exposición de cristianos muy bien arreglados detrás de un cristal. Nuestro cristianismo no nos ha costado nada. David, aquel poderoso hombre de Dios, dijo: "no ofreceré a Jehová mi Dios holocaustos que no me cuesten nada" (2 S. 24:24).

Desde la semana pasada, ¿qué te ha costado tu fe cristiana? El hombre de Dios dice: "no dejando de congregarnos, como algunos tienen por costumbre, sino exhortándonos; y tanto más, cuanto veis que aquel día se acerca" (He. 10:25). Lamento decir que muchos están descuidando la asamblea de los creyentes.

Vamos a la iglesia cuando nos conviene. Servimos al Señor cuando nos resulta cómodo. El centro de toda nuestra vida es la comodidad. No pasaba lo mismo con los padres de la iglesia primitiva ni con los mártires de todos los tiempos, o con los grandes reformadores y los impulsores de avivamientos. Su cristianismo les costó un alto precio. Nosotros, que nos beneficiamos del precio que tuvieron que pagar, no lo valoramos y hemos pisoteado la naturaleza preciosa de su sacrificio.

¿Qué nos ha costado nuestra fe? ¿Ofrecemos a Dios un sacrificio incruento como el de Caín, que entregó a Dios lo que no le costó ni una gota de sangre, sudor o lágrimas? Hoy día, los cristianos evangélicos estadounidenses permiten que los misioneros sean los que se lleven todo el sufrimiento. Permitimos que abandonen sus hogares y se vayan a las selvas y a las ciudades paganas de todo el mundo. Permitimos que se pasen años y años alejados de sus hogares, en chozas techadas de paja en vecindarios peligrosos.

Por otro lado, los que nos quedamos aquí disfrutamos de cuentas bancarias bien llenas, conducimos vehículos caros y creemos, no sé por qué, que así lo hicieron los profetas que nos precedieron. Lo que necesitamos es caer de rodillas y escudriñar nuestros corazones; creo que nos impactará lo que encontraremos en ellos. Por lo que a mí respecta, quiero que mi cristianismo me cueste algo hasta que llegue mi último aliento. No quiero un camino fácil, un ministerio cómodo o algo que no me cueste nada.

Quiero cantar lo mismo que dijo A. B. Simpson (1843-1919), quien compuso un maravilloso himno misionero titulado "El mundo más allá":

> Él me llama que acuda a los lugares más arduos,
> sin pensar en lo cómodo o sencillo;
> el mundo me llamará soñador o necio
> si al Maestro deseo agradar.

Abundan las señales de que la Iglesia evangélica, sobre todo en Estados Unidos, se está desmoronando. La Iglesia evangélica moderna se está atiborrando de actividades. Ni siquiera el apóstol Pablo tenía tantos proyectos en marcha al mismo tiempo como los que tienen numerosos cristianos hoy. Creo que debemos trabajar hasta el final, pero muchas de nuestras actividades las hacemos porque sí. Nuestras actividades no están vinculadas a la bendita esperanza, ni nos preparan en ningún sentido para el retorno de Jesucristo. Nuestras actividades van destinadas a complacernos y ganarnos la aceptación del mundo.

También debemos vigilar de cerca el código moral contemporáneo. En esta generación se ha infiltrado en la Iglesia como en ningún otro momento anterior. Percibo una alarmante similitud entre el mundo y la Iglesia en lo que respecta a la moral. Hoy día el cristiano medio acepta los estándares del mundo para guiar su vida. Sin embargo, nuestro estándar es la Biblia, y solo ella nos prepara para vivir diariamente a la luz de la bendita esperanza y nos capacita para conseguirlo.

Debemos ponernos de rodillas ante nuestra Biblia abierta y permitir que el Espíritu Santo quebrante nuestros corazones y nos insufle una pasión por Cristo como nunca antes la hemos tenido. Debemos pedir una pasión de tal naturaleza que las cosas de este mundo empiecen a perder su atractivo para nosotros. La pasión por Cristo nos permitirá elevarnos por encima de nuestra cultura y mirar a Jesús, el autor y consumador de nuestra fe.

Estemos alertas a la era en la que vivimos. Es la era de la bendita esperanza, que nos llama a que cortemos nuestros vínculos con el mundo y nos edifiquemos sobre Aquel que pronto aparecerá. Él es nuestra esperanza, la bendita esperanza que nos permite trascender a nuestros tiempos y fijar en Él nuestra vista.

Como cristianos que creen en la Biblia, es imperativo que estemos totalmente alertas a los tiempos en que vivimos. Nuestro enemigo es un maestro del engaño y un artista consumado de la falsificación, y aparta nuestra atención de la bendita esperanza mediante los problemas a los que nos enfrentamos cada día. Comprender la profecía bíblica nos hará apasionarnos por llevar una vida santa. Conocer la bendita esperanza supone vivir en la expectativa plena del regreso inminente de Cristo. Hoy día todas las señales apuntan a que esta es la era de la bendita esperanza. Amén; sí, ven, Señor Jesús.

Sí, ven, Señor Jesús
Horatius Bonar (1808-1889)

La Iglesia ha esperado mucho
para ver al Señor ausente;
y sigue aguardando a solas
como una extraña sin amigos.

¿Hasta cuándo, Señor Dios nuestro,
santo, bueno y verdadero,
no juzgarás a tu Iglesia sufriente,
sus suspiros, lágrimas y sangre?

Anhelamos oír tu voz,
y verte cara a cara,
compartir tu corona y tu gloria
como hoy compartimos tu gracia.

Ven, Señor, y borra por siempre
la maldición, el pecado y la mancha,
y haz que este mundo perdido en que vivimos
sea el mundo hermoso que creaste.

2

LA BENDITA ESPERANZA Y LA MALDICIÓN DE LA CURIOSIDAD

¡Oh, Dios!, vengo a tu presencia con un corazón apasionado por ti, que desea conocer tu plenitud y tu pureza, y no quedarse fascinado con la mera curiosidad o con los aspectos triviales del regreso de tu Hijo. No permitas que me fascine nada que no seas tú. Amén.

Aunque muchas personas se acercan a la profecía y al libro de Apocalipsis con una gran dosis de curiosidad, es un tema no destinado en absoluto para los inquisitivos. Más bien, la bendita esperanza es un atractivo poderoso para que los creyentes procuren santificarse, perfeccionarse como el Señor es perfecto, y que estén vigilantes, esperando el regreso de Jesús. El *tiempo* de su regreso es menos importante que el hecho de que *estemos listos para Él* cuando lo haga. La pregunta crucial es: cuando regrese, ¿nos hallará aguardándole?

Debemos vivir como si Cristo fuera a venir hoy, pero trabajar como si no volviera hasta dentro de mil años. Debemos estar listos para Él hoy, pero planificando, trabajando y orando como si su regreso estuviera a muchos años de distancia. Dentro de mi ministerio y la redacción de mis libros, mantengo a plena vista esta realidad. Vivo mi vida con expectación; espero anhelante esa hora. Ya que no puedo saber todos los detalles, haré lo que pueda por estar preparado para ese momento, sea cual fuere. No quiero ser como esa infinidad de personas cuya curiosidad acerca de los detalles de su venida opacan el hecho de que el Señor viene. Me niego a encajar en esa categoría.

Tres interpretaciones de la escatología

En este sentido, no podré confirmar la escuela escatológica de nadie; la escatología es el estudio de las cosas futuras. Parece que cada vez que alguien empieza a hablar de profecía y del regreso de Jesús, la gente quiere saber a qué escuela de escatología pertenece. Tendré que decepcionar a mis lectores en este particular. Para simplificar el tema, permíteme señalar que la profecía bíblica se encuadra en tres escuelas de interpretación principales, sobre todo en lo relativo al libro de Apocalipsis.

Escuela interpretativa preterista

Una de las primeras interpretaciones es la que se denomina "paradigma preterista". Esta sostiene, sencillamente, que todo el libro de Apocalipsis está en pasado y que ya se ha cumplido. Todo ha tenido lugar, y lo que leemos no es más que una historia colorida y dramática de determinados acontecimientos que sucedieron antes de que Juan escribiera el libro de Apocalipsis. No tiene ninguna incidencia sobre la vida actual.

Escuela interpretativa histórica

Luego tenemos el paradigma *histórico*, que dice que el libro de Apocalipsis estaba en proceso de cumplimiento, y que una parte empezó a cumplirse en el momento en que lo escribieron. Desde aquel instante ha estado en un proceso lento de cumplimiento. El libro de Apocalipsis no es otra cosa que un relato histórico.

Escuela interpretativa futurista

Después tenemos el paradigma *futurista*, que dice sencillamente que todo lo que contiene el libro de Apocalipsis sigue esperando su cumplimento. Aparte del primer capítulo del libro (algunos dicen que el tercero), el resto de Apocalipsis aún tiene que cumplirse. Todo está en el futuro. Estoy bastante seguro de que existen otras versiones basadas en esos tres paradigmas, y quizá haya algunas de las que aún no he tenido noticia. Parece que todo el mundo se ha atrincherado en una interpretación determinada descartando las demás.

Una advertencia a la hora de interpretar la profecía bíblica

Creo que en esta área de la interpretación debemos tener mucho cuidado. La interpretación fraudulenta y la profecía descuidada han dotado a Satanás de armas que utiliza para esparcir la confusión dentro del Cuerpo de Cristo. Siempre que los maestros de profecía establecen un calendario estricto de la profecía bíblica y luego los acontecimientos no se desarrollan tal y como se predijeron y en ese momento, la gente se desilusiona y su espiritualidad se resiente. Entonces nuestro enemigo aprovecha la situación para socavar nuestra bendita esperanza. En lugar de eso, deberíamos tener celo de la bendita esperanza, sin permitir que caiga jamás en manos del enemigo.

Creo que al hablar de este campo de la profecía bíblica he de hacer una advertencia. Es sencillamente esta: no conviertas tu visión o tu interpretación de la profecía en una prueba para validar la ortodoxia por sí misma. Independientemente de lo que creamos, debemos tener cuidado y no convertirla en la prueba de fuego para la comunión. Siempre que la Biblia sea clara, debemos ser diáfanos y dogmáticos. Cuando la Biblia no sea clara, hemos de tener cuidado de no añadir o quitar nada de las Escrituras. La Biblia no tiene que dividirnos, sino permitir que nos centremos en Jesucristo, el hombre de la profecía.

Uno de los grandes himnos de la Iglesia es "Firmes y adelante", de Sabine Baring-Gould (1834-1924). La autora plasmó en él un precioso principio bíblico que hoy día se pasa mucho por alto. La segunda estrofa dice:

Muévese potente la Iglesia de Dios;
de los ya gloriosos marchamos en pos.
Somos solo un cuerpo, y uno es el Señor,
una la esperanza, y uno es nuestro amor.

(Trad. J. B. Cabrera)

La bendita esperanza no debe dividir el Cuerpo de Cristo. En lugar de eso, debemos apiñarnos en torno a la persona de Jesucristo, que pronto vendrá. Este debe ser el factor que nos motive y subyazca en nuestro estudio de la profecía bíblica.

No debemos edificar la Primera Iglesia del Futurista, ni la Primera Iglesia del Preterista, ni la Primera Iglesia de la Historicidad. A lo largo de toda la historia de la Iglesia, los cristianos se han aficionado mucho a construir vallas teológicas a su alrededor, para mantener alejados a otros que tienen un paradigma teológico distinto. La verdadera Iglesia se alza por encima de todas estas divisiones artificiales y se centra en esperar el regreso de Jesús. Podemos amarnos unos a otros, servir juntos a Dios, extender el evangelio a los confines de la Tierra, orar y cantar juntos y amarnos unos a otros, aunque no tengamos exactamente la misma opinión sobre el regreso de Jesús.

Admito francamente que no conozco o entiendo todos los detalles relativos a la segunda venida del Señor Jesucristo. Si tienes una opinión distinta a la mía quiero que me ames, y yo te amaré también. El centro de nuestra comunión no recae en los detalles de la venida de Cristo, sino en la persona de la bendita esperanza, "este mismo Jesús" (Hch. 1:11).

La maldición de la curiosidad

Hace poco he descubierto que la doctrina del regreso de Cristo (lo que he venido llamando "la bendita esperanza") ha experimentado cierta decadencia, llegando casi al punto de verse eclipsada por completo, sin que prácticamente nadie hable ya de ella. Quizá a algunos les parece demasiado controvertida. Yo pienso que se encuentra en el meollo del cristianismo.

A la luz de esto, quiero señalar lo nocivo que es sentir un mero interés curioso por el retorno de Jesús. A esto lo he dado en llamar "la maldición de la curiosidad". Como dice el libro de Apocalipsis, hablamos de "la revelación de Jesucristo". La actitud de manifestar una mera curiosidad sobre el tema y a lo largo de todo el libro es ser culpables de casi un sacrilegio, como los hijos de Elí, Finees y Ofni (ver 1 S. 2:12). Estos no tuvieron en cuenta el carácter sagrado del arca de la alianza y la llevaron a una batalla, como mera reliquia para suscitar las emociones de los soldados israelitas y vencer en el combate.

La bendita esperanza no es un objeto para emocionar a los oyentes, de modo que un predicador les incite a ofrendar. No, la bendita esperanza tiene una naturaleza tal que enciende la pasión por la persona de la bendita esperanza, que es el Señor Jesucristo. Enciende en nosotros el deseo de conocerle tal como es conocido, y vivir en la expectativa de su regreso. "Amén; sí, ven, Señor Jesús" (Ap. 2:20).

Sin embargo, muchas personas solo quieren encontrar una clave, identificar un símbolo o interpretar alguna persona o actividad dentro de la literatura profética. Quieren ser los primeros en hacerlo, y luego escribir un libro sobre el tema, venderlo al público y levantar un ministerio sobre él. Quieren ganarse la reputación de ser expertos en la profecía bíblica. ¡Cuidado con los expertos! Tales cosas son indignas de aquel que anhela sinceramente conocer y experimentar la revelación de este Hombre en el libro de Apocalipsis.

Durante un momento, piensa lo mismo que yo. Imagina que pudiéramos captar toda la imagen que contiene Apocalipsis. Supón que pudiésemos identificar a todos los personajes. Imagina que pudiéramos juntar todas las piezas y colocar en orden la línea cronológica. Si fuera posible hacer esto, me gustaría plantearte una pregunta.

Si pudiéramos hacer algo así, ¿Dios nos amaría más que ahora? ¿Cómo afectaría esto nuestra relación con Dios, nuestra comprensión de Él, de su gracia y su amor por nosotros? Si fuera cierto que Dios nos amaría más si pudiéramos comprender todas las profecías, solo aquellos que lo consiguieran serían los verdaderos receptores de la gracia y el amor increíbles de Dios. Entonces, ¿quién podría reclamarlos?

Aparte de esto, ¿seríamos más santos? Si pudiéramos comprenderlo todo e identificar a todo el mundo, ¿en qué contribuiría esto a nuestra santidad ante el mundo que nos rodea? Tal como se enseña en las Escrituras, la santidad no se fundamenta en el conocimiento por nuestra parte. Más bien se basa en el hecho de que el Cristo resucitado habite en nosotros y nos transforme a su semejanza. La santidad no tiene nada que ver con lo que sabemos y entendemos, y todo que ver con la Persona de Cristo y nuestra relación con Él. "A fin de [que pueda] conocerle", era la oración apasionada del apóstol Pablo (Fil. 3:10).

Siguiendo la misma idea, si pudiéramos hacer todo esto, ¿estaríamos más libres de la esclavitud del mundo? Si supiéramos todas estas cosas a la perfección y pudiéramos expresarlas sucintamente, ¿tendrían tanta importancia para nuestra vida cotidiana que nos veríamos libres de la tiranía de la mundanalidad?

¿Y qué hay del cielo? Si tuviésemos un entendimiento perfecto de todas las cosas proféticas, ¿nos garantizaría una certeza mayor de que iríamos al cielo? ¿Lo acercaría más a nosotros? ¿Y qué pasaría con el infierno? Ser un experto en profecía no hace que nadie sea digno del cielo, ni tampoco le exime de ir al infierno. El apóstol Pablo lo deja clarísimo en 1 Corintios 13:1-2: "Si yo hablase lenguas humanas y angélicas, y no tengo amor, vengo a ser como metal que resuena, o címbalo que retiñe. Y si tuviese profecía, y entendiese todos los misterios y toda ciencia, y si tuviese toda la fe, de tal manera que trasladase los montes, y no tengo amor, nada soy".

Todas estas cosas que he mencionado son externas, y solo sirven para alimentar el apetito inquisitivo del cristiano inmaduro. Las personas que sienten una mera curiosidad no pretenden dejar que la verdad de la bendita esperanza impacte en sus vidas, de modo que ya no sean los mismos que antes. Están bien satisfechos de quiénes y qué son. Ser curioso y nada más supone pasar por alto la importancia de un libro como Apocalipsis. Esa actitud se centra en lo superficial, y pasa por alto la importancia profunda de la verdad de la bendita esperanza.

¿Qué es más importante?

Permíteme que vaya un paso más allá. ¿Qué es más importante? ¿La mujer vestida como el sol en Apocalipsis 12:1, o el pasaje de Apocalipsis 12:17 que habla de guardar los mandamientos de Dios y tener el testimonio de Jesucristo? Tanto la mujer como el mandamiento están en el mismo capítulo, y creo que es infinitamente más importante que guardemos los mandamientos de Dios y el testimonio de Jesucristo que saber quién es esa mujer.

Se ha debatido hasta la saciedad quién es esa mujer. Algunos dicen que es la Iglesia. El niño mencionado es una referencia a un reducido grupo preparado, que algunos sostienen que son los cristianos. Algunos creen que se trata de una imagen de Israel, y que el niño no es otro que Cristo. ¿Quién es ella, y quién tiene la interpretación correcta? ¿Es tan importante, o el versículo 17 lo es más? "Entonces el dragón se llenó de ira contra la mujer; y se fue a hacer guerra contra el resto de la descendencia de ella, los que guardan los mandamientos de Dios y tienen el testimonio de Jesucristo" (Ap. 12:17). A menudo quienes especulan con curiosidad sobre la mujer pasan por alto este versículo.

¿Y qué hay de los 144.000 de Apocalipsis 14:1? ¿Quiénes son? Este es otro pasaje interesante. Me sorprende cuánta gente afirma que forma parte de los 144.000. Resulta curioso que cada secta nueva que entra en escena dice que sus miembros son los 144.000, y que si te unes a ellos formarás parte de ese número. ¿Qué es más importante? ¿Identificar a quienes componen ese grupo o adecuar nuestras vidas a Apocalipsis 14:12? "Aquí está la paciencia de los santos, los que guardan los mandamientos de Dios y la fe de Jesús".

Veamos una sencilla ilustración de lo que quiero decir con esto. Imagina que un hombre tiene que salir de viaje, y le dice a su hijo: "Juan, me voy de viaje y volveré dentro de un tiempo. No te voy a decir qué día volveré. Esto es lo que quiero que hagas: quiero que obedezcas a tu mamá y tengas ordenado tu cuarto, y te laves detrás de las orejas; y no quiero que salgas con la bicicleta por la carretera, que hay mucho tránsito". Establece algunas normas y reglamentos para que su hijo pequeño los cumpla mientras él está lejos. Entonces dice: "Si obedeces todas estas instrucciones, cuando vuelva tendré una sorpresa para ti". Y entonces menciona algo que el niño lleva mucho tiempo queriendo tener.

Los ojos del pequeño Juan brillan de emoción mientras espera el regreso de su papá. Entonces recuerda que el premio depende de su responsabilidad y de que cumpla determinadas cosas. Cada día espera el regreso de su padre, y especula cuándo, a qué hora y qué día volverá. Pero no sirve de nada.

¿Por qué piensas que espera emocionado la vuelta de su padre? ¿Crees que le gustaría saber el día exacto de su regreso para que la noche anterior pudiera obedecer las normas a toda prisa y prepararse así para recibir a su padre? No, no lo creo.

Llega el día en que su padre regresa. El encuentro es maravilloso, y entonces el padre pregunta: "Juan, ¿cómo te has portado mientras yo estaba fuera?".

"¡Huy, papá! He hecho todo lo que me mandaste".

El padre consulta con su esposa para ver si todo ha ido bien, y ella le dice: "Sí, cariño, todo bien. Ha hecho exactamente lo que le mandaste. Se ha portado muy, muy bien".

Entonces el padre dice a su hijo: "Juan, puesto que has hecho lo que te ordené y has guardado mis mandamientos, aquí tienes el regalo que te prometí". Y entonces desenvuelve aquella cosa tan fantástica con la que el niño lleva años soñando.

Esta es exactamente la situación en la que tú y yo nos encontramos en lo relativo al regreso de nuestro Señor Jesucristo. Antes de irse, Él dijo: "Volveré". Cuando ascendió desde el monte de los Olivos, el ángel dijo: "Este mismo Jesús... así vendrá como le habéis visto ir al cielo" (Hch. 1:11). "Este mismo Jesús... así vendrá"; no habla de otra persona y de otra manera, sino "de este mismo Jesús, de la misma manera que le habéis visto subir al cielo". Este es el punto focal de nuestra expectativa.

Jesús dijo: "Vosotros, pues, también, estad preparados, porque a la hora que no penséis, el Hijo del Hombre vendrá" (Lc. 12:40). El motivo de que se nos diga que volverá y se nos ofrezca un avance de los acontecimientos futuros no tiene por objeto estimular la curiosidad ociosa, sino que estemos preparados y listos para Él cuando regrese.

¿Es más importante explotar el elemento de curiosidad contenido en la profecía, para obtener un público, o fundamentarnos en las advertencias que trae a nuestros corazones la profecía bíblica? ¡Hasta qué punto suscita nuestro interés lo novedoso, lo extraño y lo sobrenatural! Ponemos mucho énfasis en esto, pensando que hará la obra de Dios, que hará lo que solo el Espíritu Santo puede hacer en nuestros corazones. Pensamos: *Si la gente viese algo espectacular, vendrían a Cristo.* Muchos basan su ministerio en esta filosofía. Nuestro Señor entendía esto, y dijo: "Si no oyen a Moisés y a los profetas, tampoco se persuadirán aunque alguno se levantare de los muertos" (Lc. 16:31).

El propósito de la profecía bíblica es que estemos preparados para la hora en que escaparemos de todas estas trampas y cepos, y, perdonados, estaremos en la presencia de Jesucristo nuestro Señor. Después de todo esto, ¿dónde está la penitencia? ¿Dónde la confesión? ¿Dónde la limpieza? Lo que ha conmovido los corazones de los santos a lo largo de los siglos nunca ha sido el "cuándo", sino el hecho de que "este mismo Jesús" volverá.

En el último capítulo del libro de Apocalipsis leemos: "¡He aquí, vengo pronto! Bienaventurado el que guarda las palabras de la profecía de este libro" (Ap. 22:7).

Ven, Señor, no te demores
Horatius Bonar (1808-1889)

Ven, Señor, no te demores;
tráenos el día anhelado;
¡Oh!, ¿por qué estos años de espera,
estas eras de demora?

Ven, pues tus santos aún te esperan;
suspiros alzan de continuo;
el Espíritu y la Esposa dicen "¡Ven!".
¿No escuchas su clamor?

Ven y haz nuevas todas las cosas;
purifica esta Tierra desolada;
restaura nuestro paraíso perdido,
el nuevo nacimiento de la Creación.

Ven y comienza tu reinado
de paz por todos los siglos;
ven, reclama para ti el reino,
gran monarca de justicia.

3

LA BENDITA ESPERANZA DEFINE CLARAMENTE EL CRISTIANISMO

Dios y Padre nuestro, fijo mi vista humildemente en ti para que me concedas gracia para vivir una vida digna de ti. Que hoy viva mi vida de tal manera que anticipe el regreso de tu Hijo, el Señor Jesucristo. Que viva este día en la autoridad de Jesucristo. Amén.

El cristianismo no es lo que alguien dijo que era en Roma, Constantinopla, Londres o Nueva York. El cristianismo es lo que el Espíritu Santo dijo que era en su Libro.

El cristianismo es lo que dijeron que es los profetas, videntes, sabios, apóstoles y santos, que hablaron como el Espíritu Santo les instó a hacerlo. Esto es lo que aceptamos cuando nos convertimos al cristianismo. La esencia del cristianismo está envuelta en la expectativa del regreso inminente de Jesús, y los cinco versículos de Apocalipsis 1:4-8 constituyen una visión vasta y exhaustiva del meollo del asunto. Esto es lo que enseñaron los profetas y los apóstoles, y encaja con lo que enseña el Nuevo Testamento. Justo aquí tenemos el corazón palpitante de nuestra santa fe, y es donde radican nuestro interés cristiano y nuestra esperanza futura. La bendita esperanza define claramente para nosotros en qué consiste el cristianismo.

Sería difícil encontrar, en otros puntos de las Escrituras,

un tratamiento del cristianismo más concentrado que el que hallamos en este primer capítulo del libro de Apocalipsis. Nos incumbe examinar de cerca estos versículos para ver lo que nos dice el Espíritu Santo. Juan el Revelador habla de Dios Padre, quien es, quien fue y quien ha de venir. También se refiere al séptuple Espíritu Santo que procede del Padre. Habla de Jesucristo, quién es, el Hijo del Padre, y lo que es: profeta, sacerdote y rey. Habla de lo que ha hecho por nosotros: nos ha lavado en su sangre preciosa y nos ha limpiado y purificado ante el Padre. Nos ha convertido en reyes y sacerdotes para Dios.

En Apocalipsis 1, Cristo hace una declaración poderosa que resuena a través de los siglos llegando a las iglesias. Por medio del apóstol Juan, que se denomina a sí mismo "vuestro hermano, y copartícipe vuestro en la tribulación" (Ap. 1:9), la Cabeza glorificada de la Iglesia declara: "gracia y paz a vosotros" (v. 4).

Cristo tiene algo que decir a su Iglesia. Esta declaración nos incluye a todos, pero solo para los que sean dignos. Son los siervos de Cristo que fueron lavados en su sangre, que escuchan, atienden y obedecen su Palabra. Independientemente de las pequeñas diferencias que ha habido entre los creyentes a lo largo de las generaciones, Cristo habla a su Iglesia. Lo que dice a su Iglesia no es aplicable a nadie más, y sin duda no se puede aplicar al mundo.

Esta bendición inclusiva también es exclusiva. Excluye a quienes no son dignos de acuerdo con el estándar de Cristo. El deseo más profundo de mi alma, el anhelo de mi corazón, es que esta bendición incluyese a todos los habitantes del mundo y a todo aquel nacido de mujer; pero las Escrituras y la razón me prohíben tener esa esperanza. No todo lo bueno que dice Dios sobre las personas en la Biblia es para todos, sino para sus siervos verdaderos, que deben recibirlo. Todas las cosas pueden ser objetivamente ciertas pero no serlo subjetivamente. La fe y la obediencia son necesarias para obrar esta transformación.

La gente tiene la tendencia a estirar los dichos del Señor para que abarquen a todo el mundo, de modo que sus afirmaciones se conviertan en un paraguas para toda la raza humana. El hecho simple es que estas palabras de su bendición solo se aplican a quienes están en el rebaño, excluyendo a todos los demás. Cada uno de nosotros tiene que decidir si entramos en esa bendición o estamos excluidos de ella.

De modo que Cristo, la Cabeza de la Iglesia, tiene algo que decir. Teniendo en cuenta quién es, es tremendamente importante escuchar y obedecer lo que dice a las iglesias. "El que tenga oídos, oiga".

La autoridad del Padre

Solo existe una autoridad: el Padre eterno que es, fue y ha de venir. Una de las cosas que hemos de entender es que en el Dios todopoderoso, creador de cielos y Tierra, no hay tiempos verbales. Los tiempos verbales son para ti y para mí. Cuando decimos que Dios fue, es y será, no estamos hablando de que haya tiempos verbales en Dios, como si Él existiera pasando de un periodo de tiempo a otro. Esto sería pensar en Dios como si fuera una criatura, que es algo que nunca podemos hacer. El "fue" no se aplica a Dios, sino a ti y a mí. Cuando Dios dice que "fue", no significa que fue en otro tiempo, sino que tú y yo tenemos un "fue". Tenemos un pasado y, debido a esto, Dios está en ese pasado. Y tenemos un presente, y Dios también está en él. Pero es nuestro "fue" y nuestro "es".

El Dios todopoderoso habita en un ahora eterno que no se ve afectado por el paso del tiempo. El sol que se levanta en el este por la mañana no hace que Dios sea un día más viejo cuando se pone en el oeste por la tarde. No afecta a la perfección infinita de este Dios eterno. Dios es soberano del ayer, el hoy y el para siempre, que no son más que meros elementos del tiempo.

La autoridad del Espíritu Santo

Si pusiéramos menos énfasis en la educación escolástica y más en la iluminación del Espíritu Santo, seríamos una Iglesia más sabia, santa y poderosa de lo que lo somos ahora.

Así es como funciona. La mayoría de iglesias nace con unas pocas personas que gimen en su espíritu, anhelando tener un avivamiento, motivadas por el Espíritu Santo. Llega el avivamiento y la iglesia se extiende, despliega sus hermosas alas y, en el Espíritu, levanta el vuelo. Pasa una generación, y los santos ancianos que fundaron la iglesia con sus oraciones mueren y duermen con sus padres, esperando la resurrección de los muertos. Entonces surge una generación que no conoció a José, y que busca obtener poder, y no lo tiene porque no ha pagado el precio que pagaron sus padres. Así que dicen: "Solo podemos hacer una cosa: fundar escuelas y educarnos. Vamos a fomentar la perspicacia intelectual para enfrentarnos a los retos del mundo". Así que construyen escuelas, institutos, seminarios y universidades. Y durante la primera generación, son cristianos. Sin embargo, la historia no acaba aquí.

La segunda generación está formada por lo que yo llamo "casi cristianos". La tercera generación se viene abajo teológicamente y se hace liberal; y esta es la iglesia de la que Dios se aparta y funda una nueva.

Así es como se ha propagado la Iglesia con el paso de los años. Lo que necesitamos hoy es un don del Espíritu Santo, del Espíritu de sabiduría e inteligencia, consejo y poder, conocimiento y temor (ver Is. 11:2). Cuando recibamos este regalo del Espíritu Santo, y su perfección séptuple, tendremos menos necesidad de otras cosas. Necesitamos desesperadamente al Espíritu Santo, y le necesitamos con poder. Necesitamos su sabiduría, su poder, su temor reverente, su adoración y su consejo. Cuando le tenemos, contamos con todo lo necesario para ser todo lo que Él desea que seamos.

La autoridad del Hijo

Esto nos lleva a la autoridad del Hijo eterno. Se nos dicen tres cosas sobre esta autoridad: (1) es el testigo fiel, lo cual significa que es el profeta; (2) es el primogénito de los muertos, lo cual quiere decir que es el sacerdote; y (3) es el príncipe de los reyes del mundo, lo cual significa que es el rey. Cuando juntamos estas cosas, el Señor Jesucristo es profeta, sacerdote y rey, representando así la autoridad triple que tiene sobre toda la creación.

Jesucristo fue enviado por el Padre desde la eternidad al mundo del tiempo, para traernos buenas noticias. Estas buenas noticias decían que era el profeta de todos los profetas, la suma de la autoridad de todos los profetas. En los Evangelios vemos que Jesucristo no solo cumplió la profecía con su enseñanza, sino que también sus actos tuvieron un significado profético. En el sentido estricto de la palabra, Jesucristo fue el profeta en palabra y en obra.

Sin embargo, fue más que un profeta, fue el primogénito de entre los muertos. Fue el Sacerdote, y fue el único sacerdote capaz de ofrecerse a Dios como sacrificio definitivo. Todos los demás sacerdotes ofrecieron animales, pero este sacerdote, Cristo, se ofreció a sí mismo. En el libro de Hebreos dice que "mediante el Espíritu eterno se ofreció a sí mismo sin mancha a Dios" (He. 9:14).

La única cruz de toda la historia que se convirtió en un altar fue la cruz en la que murió Jesucristo. Era una cruz romana. Le clavaron en ella, y Dios, en su majestad y misterio, la convirtió en altar. El Cordero que moría en el misterio y la maravilla de Dios se convirtió en el Sacerdote que se ofrecía a sí mismo. Nadie más era una ofrenda digna.

En tiempos de Jesús, ¿había algún ser viviente que pudiera haber ofrendado a Jesús? No. En tiempos de Abraham, y todo a lo largo de la historia de Israel, hubo quienes ofrecían corderos. Solo los sacerdotes y el sumo sacerdote tenían derecho a hacerlo. Eso es lo que se esperaba de ellos. El sacerdote era superior al cordero, de modo que lo tomaba, le cortaba el cuello, vertía su sangre en un cuenco, rociaba al pueblo y el libro, y así la sangre del cordero se volvía eficaz para el pueblo.

Cuando llegamos a este último Cordero, ¿quién es digno de ofrecer ese Cordero que estaba por encima de todos los sacerdotes, todos los sumos sacerdotes, todos los corderos y machos cabríos, y todos los humanos? Este Cordero estaba por encima de Melquisedec, y de Moisés, Isaías y David. ¿Quién podía ofrecerlo? ¿Quién era digno? Nadie.

Entonces Jesús dio un paso al frente y se ofreció a sí mismo. Creo con todas mis fuerzas que a la diestra de Dios se sienta un ser humano. Allí hay un hombre, un hombre glorificado, no un espíritu, sino un hombre. Es el Cristo resucitado que está a la derecha de Dios Padre, ejerciendo su autoridad sobre su Iglesia.

Un antiguo predicador puritano dijo: "La humanidad ha recibido la gran dignidad de que uno de los nuestros haya sido exaltado a la diestra de la Majestad en las alturas. Uno de entre nosotros ha sido exaltado".

Si mi hermano o mi hijo fueran exaltados a la condición de presidente, yo me sentiría muy contento y diría: "He recibido el gran honor de que uno de mis hijos se haya convertido en el Presidente de Estados Unidos". Pero hemos recibido una dignidad infinitamente superior a la de presidentes y reyes. Hemos recibido la dignidad de que un ser humano haya ascendido a un puesto superior al del cargo de un presidente o el estatus de un sumo sacerdote. Honramos a tales hombres, pero existe un lugar por encima de todos. Y ese lugar es donde se encuentra Jesús. Dios le ha llevado allí, y actúa en él como nuestro Sumo Sacerdote.

Este Jesucristo es el príncipe de los reyes de la Tierra. Es rey de Reyes y Señor de señores, sobre todos los reinos y autoridades de este mundo. Su autoridad es la definitiva.

Una bendición a la par de una doxología

"A él sea gloria e imperio por los siglos de los siglos" (Ap. 1:6) es tanto una bendición como una doxología. Es una frase de bendición y una expresión de alabanza. Esto coloca todas las cosas en la posición que les corresponde, que es lo que hacen la adoración y la alabanza verdaderas: "Gracia y paz sean a ustedes; y a Él, gloria y poder".

Imagina que le diéramos la vuelta a esto. Imagina que la gracia y la paz fueran para Dios, y la gloria y el imperio para ti. ¡Qué situación más terrible, grotesca y atemorizante viviríamos si Dios necesitara gracia y nosotros tuviéramos la gloria y el imperio! Pero eso nunca puede pasar. "Gracia y paz a vosotros" va destinado a nosotros. ¿Qué necesitamos aparte de la gracia? ¿Qué más necesitamos para nuestra espantosa pecaminosidad aparte de la gracia de Dios? ¿Y qué otra cosa que no sea la paz necesitan nuestras almas pobres, desarraigadas, alienadas y angustiadas?

Las palabras de Juan: "al que nos amó" (ver Ap. 1:5) son el motivo de todo lo demás, pero sin embargo el amor no se razona. La razón pasa del punto A al punto B de una manera muy lógica. En el amor no hay nada lógico ni razonable. El amor trasciende la razón y la lógica, pero no las contradice. ¿Quién podría imaginar que el Dios que hizo los cielos y la Tierra, el mar y todas las cosas que hay en ellos, condescendiera a adoptar la forma humana? El hecho de que fuese movido por su amor y muriese por su pueblo parece algo irrazonable desde el punto de vista humano. Sin embargo, fue razonable porque era la sabiduría del Dios poderoso. La razón pura nos habría condenado expulsándonos de la presencia de Dios. Su sabiduría pudo más que la irracionalidad de su amor por nosotros.

El versículo 5 sigue diciendo: "Al que nos amó, y nos lavó de nuestros pecados con su sangre", sangre que sacó de sus propias venas, para hacernos luego reyes y sacerdotes para Dios. Ya no oímos mencionar estas cosas. A menudo nos hablan del poder y de la autoridad de Cristo, pero pocas veces oímos que Cristo nos ha conferido su autoridad. Esta es la doctrina del dominio de los santos.

Creo que tenemos un dominio mucho mayor del que somos conscientes. No sé si tienes miedo al diablo o no, pero personalmente no tengo mucho miedo del viejo Satanás. Soy consciente de que es el diablo; sé que se trata de un demonio real, no un mero personaje como Santa Claus ni un producto de la imaginación humana. Creo en la personalidad y la historicidad del diablo. Creo que el diablo es un ser individual, pero no le temo, porque creo en el dominio y la autoridad de los santos.

Creo que el pueblo de Dios tiene autoridad en el cielo. Y este es el gran gozo de esta verdad: que uno de los nuestros, Jesús, ha sido exaltado a la diestra del poder en los cielos. Piensa en José, cuando descendió a Egipto y se sentó en el trono. Cuando sus hermanos descendieron a Egipto, él podría haberles dado lo que hubiese querido. Ellos tenían autoridad porque él la tenía. Lo único que tenían que hacer era acudir a José y pedir lo que querían, y él les hubiera concedido su petición. José, uno de los suyos, había sido exaltado a un puesto de autoridad. Dada la relación que ellos mantenían con él, eran beneficiarios de aquella autoridad.

Cuando Jesucristo nuestro Señor ascendió a la diestra de Dios, lo hizo como uno de los hermanos. Cantó entre sus hermanos, se despidió de ellos y acudió a la diestra de Dios; y allí está sentado entre sus hermanos. Y dice a sus hermanos: "Pídanme lo que quieran. Todo lo que quieran será suyo".

"¡Un momento!", puede decir alguien. "¿Y si Dios no está de acuerdo?". La respuesta es que Dios está de acuerdo porque Jesucristo es tanto Dios como hombre. En su autoridad existe una unidad, basada en la unidad presente en la Trinidad. Dios siempre es Dios, y será siempre como Él es.

José podría obtener para sus hermanos cualquier cosa que necesitaran, pidiéndola a Faraón. Eso confería una enorme autoridad a José y a sus hermanos. De igual manera, Cristo puede obtener lo que quiera para los suyos. No creo que tengamos ningún motivo para escondernos y camuflarnos, como si nos disculpásemos por caminar por este mundo que es de Dios. Creo que en este planeta las personas más valientes tendrían que ser los cristianos; no se trata de que nos jactemos de nada, pero debemos estar seguros en Él. Creo en el dominio y en la autoridad de los santos.

También creo en la doctrina del sacerdocio de todos los creyentes. Tienes todo el derecho, en tu condición de sacerdote, de acudir ante el Sumo Sacerdote y expresarle tus deseos y necesidades. Cuando obtienes lo que quieres, lo haces porque en Cristo tienes una gran dignidad. Uno de los nuestros, de nuestros hermanos, está sentado a la diestra de Dios. Nuestra vinculación con el trono y con el poder y la autoridad de ese trono están en Jesucristo, el Dios hombre.

Caminamos en este mundo con gran poder y autoridad porque vivimos en la bendita esperanza del retorno de Jesús. Nuestra autoridad no está en este mundo, sino enraizada en los cielos y en Aquel que está sentado a la diestra de Dios Padre. El cristianismo no consiste en pasar los días con el sudor de nuestra frente; no, consiste en caminar con la autoridad del cielo y mirar a Jesús, el autor y consumador de nuestra fe. Jesucristo está a punto de volver, y la vida que vivimos en este mundo está de acuerdo con esa expectativa grande y poderosa. "Amén; sí, ven, Señor Jesús".

Real sacerdocio
Gerhard Tersteegen (1697-1769)

La raza de los sacerdotes
ungidos por Dios
están a la luz
de su rostro glorioso,
donde le sirven
de día y de noche.

Aunque pugnan la razón
y la incredulidad,
hay hoy día,
y habrá hasta el fin,
los sacerdotes de Dios
en la sombra.

Sus almas elegidas,
su terrenal vivir,
consumidas se ven
por el fuego sagrado;
al corazón divino
los suyos ascienden,
de ardiente deseo embargados.

El incienso fragante
que desprende su alabanza
llena el lugar santísimo
del templo del Señor;
su cántico de asombro
llena los cielos de gozo,
el himno nuevo de la gracia.

4

LA LUZ BRILLANTE DE LA BENDITA ESPERANZA

Oh, Dios y Padre nuestro, te alabamos por tu Hijo, el Señor Jesucristo, quien es la luz de este mundo. Te honramos al honrar la luz que vino al mundo, que alumbra a todo hombre que nace en este mundo. Te rogamos que la luz gloriosa del evangelio brille a través de nosotros en alabanza y honra de la Luz Resplandeciente de la bendita esperanza. Amén.

La bendita esperanza no es solo otra doctrina sobre la que discutir y que sirva para dividir a la Iglesia. En su esencia hallamos la revelación de la persona de esta bendita esperanza. Dios no pretende que sus iglesias sean la luz brillante, sino que sean los contenedores y receptáculos de esa luz deslumbrante.

En el primer capítulo de Apocalipsis, Juan se identifica en tres ocasiones como su autor. Dice: "Yo Juan, vuestro hermano, y copartícipe vuestro en la tribulación, en el reino y en la paciencia de Jesucristo, estaba en la isla llamada Patmos, por causa de la palabra de Dios y el testimonio de Jesucristo" (Ap. 1:9). Sigue diciéndonos que estaba en el Espíritu en el día del Señor. Resulta fácil verse atrapado en los detalles teológicos de lo que quiso decir Juan con "el día del Señor". Este no es el propósito de lo que Juan tiene que decirnos aquí. Juan estaba dispuesto a escuchar a

Dios. El motivo de que estuviera allí era "por causa de la palabra de Dios y el testimonio de Jesucristo".

"Yo estaba en el Espíritu en el día del Señor", escribe Juan, "y oí detrás de mí una gran voz como de trompeta" (v. 10). Juan se volvió para ver qué era esa voz y vio los siete candeleros de oro. Por supuesto, esos candeleros eran lámparas. En aquellos tiempos usaban velas, y las fijaban en candeleros. Si uno tenía dinero, se hacía candeleros de oro. Una vela sujeta a un candelero iluminaba toda la casa.

Pero lo que brillaba no eran los candeleros. Estaban hechos de oro, pero no relucían. Lo que brillaba eran las velas. Y esos siete candeleros de oro, como Jesús explicó, eran las siete iglesias de Asia, y representaban a las iglesias de todos los tiempos. No brillaban, pero eran los receptáculos de toda verdad reluciente.

La Iglesia no debe ser un grupo de personas que brillen en la sociedad por su posición social o por sus grandes conocimientos. Con demasiada frecuencia tenemos a un candelero que intenta brillar en vez de la propia vela. La misión de las iglesias no es la de brillar, ni la nuestra es reunir a gente importante de la que otros digan: "Esa iglesia tiene un estatus social muy elevado". Este no es el propósito de la iglesia local.

Yo prefiero estar de parte de la iglesia que no tenía una gran posición social pero sí un tremendo poder. El apóstol Pedro no tenía títulos académicos, que yo sepa. Al mendigo cojo le dijo: "No tengo plata ni oro, pero lo que tengo te doy; en el nombre de Jesúcristo de Nazaret, levántate y anda" (Hch. 3:6). No tenía mucho dinero, pero cuando le dijo a aquel hombre "levántate", el hombre se levantó.

El apóstol Juan vio los siete candeleros de oro, que representan a todas las iglesias y que son los receptáculos de toda verdad deslumbrante. Entonces dijo: "Y en medio de los siete candeleros, [vi] a uno semejante al Hijo del Hombre" (Ap. 1:13). Esto es lo más importante que vio Juan.

Una imagen del Cristo resucitado

Si has entendido que los candeleros representan a la Iglesia, ¿a quién esperarías hallar en medio de las siete iglesias? ¿Sería al apóstol Pablo? No, Pablo murió, y es posible que estuviera muerto cuando se escribió el libro de Apocalipsis. ¿Quién esperarías que estuviera allí? Fue alguien que dijo: "Porque donde están dos o tres congregados en mi nombre, allí estoy yo en medio de ellos" (Mt. 18:20).

¿Acaso no dijo también "Id por todo el mundo y predicad el evangelio a toda criatura" (Mr. 16:15) y "he aquí yo estoy con vosotros todos los días hasta el fin del mundo" (Mt. 28:20)? Podrías esperar que quien estuviera en pie en medio de la Iglesia fuera Aquel de quien se dijo que era la cabeza de la Iglesia, y "la plenitud de Aquel que todo lo llena en todo" (Ef. 1:23), el fundamento sobre el que se levanta la Iglesia. Esperarías que fuera Aquel que es la vida de la Iglesia.

El que estaba en pie en medio de la Iglesia era alguien semejante al Hijo del Hombre. No se trataba de un espíritu; era el Hijo del Hombre, Jesucristo nuestro Señor, vestido con un ropaje que le llegaba hasta los pies.

Por favor, ten en cuenta este capítulo y medita a menudo en él, porque es el único retrato fidedigno que tenemos del Cristo resucitado. Muchos han hecho retratos de Cristo basándose en sus propias imaginaciones, pero aquí tenemos una imagen visual de Aquel que está en medio de las iglesias con toda su gloria y majestad.

Una vestidura sacerdotal

Juan describe su vestido. Primero, Juan se da cuenta de que lleva una ropa que llega hasta los pies, lo cual indica una vestidura sacerdotal. Tenemos al sacerdote en medio de la Iglesia. ¿Dónde si no iba a estar un sacerdote?

¿Dónde estaban los sacerdotes en el Antiguo Testamento? En medio de Israel. El templo estaba situado en medio del campamento; el lugar santo estaba en el centro del templo, y allí estaban los sacerdotes, entrando y saliendo. El sumo sacerdote estaba en el lugar santo, y por lo tanto en medio de Israel. Aquí tenemos al Hijo del Hombre vestido con una ropa que llega hasta sus pies, como un sacerdote.

Creo en el sacerdocio. Creo en él en dos sentidos. Primero, creo en el sacerdocio de los creyentes. Tú y yo, como creyentes, somos sacerdotes y tenemos acceso al trono de Dios por medio de nuestro Sumo Sacerdote, que nos ha precedido. También creo en el sacerdocio último y definitivo de nuestro Señor Jesucristo, que es el Sumo Sacerdote en la presencia de Dios. Juan le ve de pie en medio de su Iglesia, vestido con sus ropas sacerdotales.

Un símbolo real

Luego Juan vio que llevaba un cinturón de oro alrededor del pecho. Esto es un símbolo de realeza. En torno a su pecho había un cinturón ancho y hecho de oro puro, que sostenía la vestidura que le llegaba hasta los pies. No le vemos como espíritu, ni como ángel, ni como querubín, sino como hombre. Podrías haberte acercado a ese hombre y tocarlo. Tras la resurrección, Jesús dijo a sus discípulos: "Mirad mis manos y mis pies, que yo mismo soy; palpad, y ved; porque un espíritu no tiene carne ni huesos, como veis que yo tengo" (Lc. 24:39). Comió pescado en su presencia. De modo que Aquel que aparece en el testimonio de Juan es un hombre de verdad. No solo es sacerdote, sino que es un sacerdote real, un sacerdote que es tanto sacerdote como rey.

La Iglesia solía hablar más de Jesús como profeta, sacerdote y rey. Jesucristo es las tres cosas. Aquí, en Apocalipsis 1, le vemos ocupando estos tres cargos: es un sacerdote real que permanece en medio de su Iglesia, ejerciendo su autoridad. Este es el verdadero motivo de la existencia de la Iglesia, y la razón de que no se venga abajo. Con toda la presión que el diablo aplica a la Iglesia, ¿cómo es posible que se mantenga? No me extraña que haya iglesias que abandonen la fe; lo que me maravilla es que no lo hagan todas. No me extraña que las iglesias pierdan su cohesión; lo que me extraña es que algunas la mantengan.

Si no fuera por la presencia invisible de nuestro Señor en medio de ellas (un sacerdote que está delante de Dios por nosotros, y un rey que gobierna y ejerce su autoridad), no habría iglesias.

Cabellos blancos como la nieve

Sobre los cabellos blancos como la nieve hay dos puntos de vista predominantes, y no veo por qué no pueden ser ciertos ambos. Siempre que encuentro un pasaje que contiene puntos de vista opuestos, mi impulso inicial no es el de aceptar uno y rechazar el otro. Intento ver cómo se interrelacionan. Así se accede a una mayor verdad, y además no hay que discutir con nadie.

Algunos dirán que la blancura pura de Jesucristo representa su santidad. Es la santidad completa de nuestro Señor la que hace que su cabello sea más blanco que la lana. Otros dirían que no, que representa el conocimiento correcto y el juicio sólido, y que habla del Anciano de días. Como es el Anciano de días, que se remonta a un tiempo que escapa a nuestra memoria, le vemos como alguien con cabellos blancos.

Quizá ambas interpretaciones sean ciertas. Por otro lado, me cuesta creer que nuestro Señor tenga el pelo cano. Creo que nuestro Señor tiene el pelo blanco, pero no porque sea anciano. Su cabello es blanco porque quería mostrarnos la santidad perfecta del Señor. Nosotros somos incapaces de saber qué es la santidad. Aquí lo tenemos, blanco como la lana, blanco como la nieve. Aquel que está en medio de las iglesias es nuestro Señor santo, y su cabeza y sus cabellos son blancos como la nieve. Y nosotros viviremos en su presencia.

Ojos como llama de fuego

Tú y yo vemos, pero Él ve todo lo que se puede ver. Como unos ojos dotados de rayos X, los ojos de nuestro Señor tienen una naturaleza tal que no puedes esconderle nada. Aquel que está en medio de la Iglesia tiene unos ojos así, de modo que no sirve de nada que te aclares la garganta, infles el pecho y afirmes que eres alguien. Tú no eres nadie, y yo tampoco, y si recibiéramos lo que merecemos, todos pereceríamos por un igual. Él lo sabe, y ve todo como realmente es.

Algunas iglesias acaban jactándose de su santidad. Como los fariseos, van por el mundo intentando ser la suma encarnada de todo lo respetable. Pero carecen de espiritualidad y de vestiduras de justicia que les oculten de los ojos flamígeros de Aquel que está en medio de la Iglesia. Prefiero no esconder nada, ser exactamente lo que soy ante su presencia.

Pies como bronce bruñido

Los pies como bronce bruñido son una referencia al juez que juzgará lo que ha visto con sus ojos. La iglesia que no es juzgada no forma parte de la Iglesia del Señor Jesucristo. Quizá haya congregaciones que se reúnen todos los domingos, que llevan a cabo programas y, en la práctica, no son verdaderas iglesias de Jesucristo en absoluto.

El Espíritu no está en medio de ellas, y el Señor no constituye el foco de su interés. Se llaman "iglesias" a sí mismas, pero la verdadera iglesia será disciplinada; y nuestro sacerdote, en medio de nosotros, que sabe todo sobre nuestras vidas y a pesar de eso nos ama, nos juzgará. Nunca pidas al Señor que no te juzgue. Ora como lo hizo David en el Salmo 38:1, cuando se le da la vuelta y se traduce correctamente: "Repréndeme, Señor, pero no airado". La *versión King James* dice: "Ni me castigues en tu ardiente desagrado". Parece que lo que dice David es que no quería que el Señor le reprendiera. Pero lo que David pedía era que el Señor le corrigiera no con ira, sino con amor.

Una voz como el rugido de muchas aguas

El hecho de que Juan escribiera que Aquel que estaba en medio de los candeleros, el que está en medio de la Iglesia hoy, tenía la voz de muchas aguas conforta mi corazón y me hace sentir algo que no puedo explicar ni expresar. La voz fuerte, majestuosa y profunda de Aquel que está en medio de los candeleros... ¡piensa en lo que ha hecho esa voz!

Esa voz hizo que los mundos fueran aquel día en que no existía nada. Aquella voz llamó al universo y este fue. Aquel día en que Lázaro estaba muerto, esa voz dijo "¡Lázaro, ven fuera!", y Lázaro resucitó. Cuando esa voz poderosa clamó en la cruz "¡Consumado es!", los fuertes y valientes soldados de César cayeron a tierra y dijeron, conmovidos: "Verdaderamente este era Hijo de Dios". Un día esa voz despertará a los muertos. Esa voz es el sonido de las muchas aguas. Y ya sabes que ese es un sonido musical.

En nuestra generación escuchamos algunas grandes voces que suben el volumen y se jactan de su importancia. Pero hay una voz que ahogará todas las demás. Hay una voz con poder y autoridad para hacer eso con facilidad: Aquel que está en medio de los candeleros de oro.

Siete estrellas en su mano

¿Qué son las siete estrellas? Son los mensajeros de las iglesias. Son aquellos que parten como heraldos, como los ángeles de las iglesias. "Mensajero" y "ángel" son la misma palabra, y están en la mano del Señor Jesús.

Siempre me ha parecido que es demasiado trágico que las iglesias se dividan sobre la cuestión de la seguridad eterna de los creyentes. Algunos claman en contra de ella, y otros a favor. Yo estoy entre ambas posiciones y, gracias a Dios, estoy en su mano. Puedo argumentar y escribir libros a favor de una u otra opinión, pero siempre diré que estoy en su mano. Él sostiene a sus mensajeros en su mano. Si tú eres un mensajero, el Señor te sostiene en su mano, y nadie puede arrebatarte de ella.

Una espada aguda en su boca

Todas las otras palabras pronunciadas se derriten como mantequilla bajo el sol ardiente, pero la Palabra del Señor, la espada aguda del Señor, permanecerá para siempre, sin verse afectada por su entorno.

Ojalá hubiera sabido hace años lo que me ha enseñado el Señor últimamente. Yo solía predicar mucho usando ejemplos de la ciencia, la psicología y demás campos; pero el Señor me hizo alejarme de ello. Mucho antes de que la ciencia y la psicología levantaran sus cabezas, la Palabra del Señor salía de la boca del Hombre en medio de los candeleros de oro, y era como una espada afilada. Más nos vale estar del lado de la espada aguda. Creo en la iglesia que predica la Palabra, la espada afilada del Espíritu, porque la Palabra del Señor es como una espada aguda que penetra hasta los tuétanos.

Su rostro es como el sol cuando reluce con toda su fuerza

Hay descripciones de Jesús que puedo comprender y apreciar, pero esta es la imagen de Jesús que mejor entiendo: "He aquí que mi siervo será prosperado, será engrandecido y exaltado, y será puesto muy en alto" (Is. 52:13). Me piden que vuelva a ver ese rostro, esa faz a la que un día escupieron, esa cara que brilla más que el sol en su cenit. ¿Quieres ver lo potente que es el sol? Míralo en el cielo a mediodía; nunca podrás mantener la vista fija en él.

Las Escrituras dicen que Jesús es "la imagen del Dios invisible, el primogénito de toda creación. Porque en él fueron creadas todas las cosas, las que hay en los cielos y las que hay en la tierra, visibles e invisibles; sean tronos, sean dominios, sean principados, sean potestades; todo fue creado por medio de él y para él. Y él es antes de todas las cosas, y todas las cosas en él subsisten" (Col. 1:15-17).

Algunos pueden objetar y decir: "Si está en medio de todo, y tiene ese aspecto, ¿por qué no podemos verle?". Esta es la parte terrible: está en medio, pero no le vemos. Pero no debo privarme de destacar el efecto que tuvo sobre Juan el hecho de verle. Cayó a los pies de Jesús como muerto. Todo conocimiento auténtico de Jesucristo arrebatará todo el orgullo de una persona y hará que se postre en humildad delante de sus pies. Por eso no creo en el enfoque romántico sobre Jesucristo, ese que recuerda a una canción de amor y dice: "Él es mi amado, y yo soy su amada". No creo en este tipo de tonterías. Todo empezó en Hollywood, y por lo que a mí respecta más vale que se quede allí. Aquel que ha visto al que está en medio de los candeleros de oro se postrará sobre su rostro ante Él, en silencio y con una alabanza y una adoración absolutas.

Nuestra única respuesta posible

El hecho de ver a Aquel que estaba en medio de los siete candeleros de oro tuvo un efecto fulminante sobre Juan. "Cuando le vi", escribe el apóstol, "caí como muerto a sus pies" (Ap. 1:17). El hombre que nunca ha caído a los pies de Jesús sumido en un estupor de asombro nunca ha podido levantarse luego y presentarse ante una congregación para predicar sobre el Señor. Pero Juan lo hizo. Inmediatamente, Juan testifica: "Y él puso su diestra sobre mí, diciéndome: No temas; yo soy el primero y el último; y el que vivo, y estuve muerto; mas he aquí que vivo por los siglos de los siglos, amén. Y tengo las llaves de la muerte y del Hades" (vv. 17-18).

¿A quién se le ocurrió la idea de que era Pedro el que tenía las llaves? Yo veo a Jesucristo en medio de su Iglesia con un puñado de llaves en la mano, llaves de hierro y llaves de oro. Las de hierro abrirán las puertas férreas del infierno, y las de oro las puertas gloriosas del cielo. Y Jesús es el único que tiene esas llaves.

Lo más importante de la Iglesia es el que está en medio de ella. Él está aquí para ver y para juzgar. Está aquí para guardarnos y ser nuestro representante ante Dios, y su representante ante nosotros. Está aquí para hablar, para reprendernos y animarnos. ¿Por qué no le vemos? ¡Qué terrible es jugar en su presencia, soñar en su presencia, dormir en su presencia, pecar en su presencia! ¡Qué terrible! Él volverá en gloria. Entre tanto, mantiene unida a su Iglesia, preparándola. Para eso estamos aquí. Estamos aquí para prepararnos. Estamos en el gran desfile, preparándonos para el regreso de Jesús.

El lugar donde la Iglesia se prepara es un campo de batalla. Es un lugar donde hay pecado y dolor. La Esposa debe prepararse en medio de una guerra y de sus esfuerzos; pero debe aprestarse. Por eso no fuiste arrebatado inmediatamente al cielo cuando naciste de nuevo. Cuando fuiste salvo recibiste una nueva naturaleza, que pertenece a Dios; pero no fuiste llevado ante Dios porque no estabas listo. Él te está preparando ahora. Te está preparando como Esposa, como pueblo purificado; te estás preparando. No permitas que nadie te convenza de lo contrario.

A medida que avanza el libro de Apocalipsis, nos habla de acontecimientos futuros. La revelación del Cristo de Apocalipsis crea lo que llamamos la bendita esperanza. Todo lo demás palidece en comparación con esta gran verdad, quedando reducido a la insignificancia: Jesús volverá.

¡Ven pronto, temible juez del mundo!

Lawrence Tuttiett (1825-1897)

Ven pronto, temible juez del mundo,
pues, por dura que sea tu venida,
perderá la verdad todas sus sombras
y morirá la mentira al ver tu rostro.
¡Oh, ven veloz!, pues la duda y el miedo
se funden cual neblina cuando Tú estás cerca.

Ven pronto, gran Rey del mundo,
sobre nosotros y en nuestra alma reina;
que el pecado ya no afecte nuestras vidas,
que el dolor y la tristeza con el pecado mueran;
¡Oh, ven raudo!, pues solamente Tú
pues hacer de tu pueblo disperso uno solo.

Ven pronto, Vida auténtica del mundo,
pues la muerte nos gobierna con dureza;
en todo hogar su sombra se proyecta,
en todo corazón deja su huella.
¡Oh, ven ya presto!, pues la angustia y el dolor
nunca ensombrecerán tu reino de gloria.

Ven pronto, Luz verdadera del mundo,
pues la noche oscura estorba nuestra senda,
y las pobres almas a sucumbir empiezan
ansiosas esperando el bello día.
¡No te demores!, pues cerca de tu trono
ningún ojo no ve, ninguna noche espanta.

5

EL IMPERATIVO DIVINO DE LA BENDITA ESPERANZA

¡Oh Dios, nuestro Padre celestial!, hemos buscado y no hemos hallado a nadie digno de reinar sobre los cielos y la tierra excepto a tu Hijo, el Señor Jesucristo. Tus Escrituras declaran que es el único digno de alabanza. Mi corazón adorador le reconoce y le declara como Rey supremo de mi vida. Quiero vivir cada día para honrar su soberanía en mi vida. Amén.

Lo que me sorprende en todo este panorama de la profecía bíblica es que hoy día haya tantas personas que creen que saben más de ella que Daniel y Juan el Revelador. Exponen sus puntos de vista de tal manera que debemos aceptar lo que dicen sin cuestionarlo. Si no crees lo que dicen, te acusan de no ser fundamentalista.

Podría analizar muchos motivos por los que la profecía bíblica ha sufrido estas distorsiones. En lugar de eso, permíteme que exponga la enseñanza clara de las Escrituras. Salmos 2:1-9 y 1 Corintios 15:25-28, y otros pasajes que podríamos examinar, nos muestran que Jesucristo ha de reinar. En 1 Corintios 15:26, Pablo señala a una redención completa y universal en el futuro, afirmando: "Y el postrer enemigo que será destruido es la muerte". Para abolir la muerte, Cristo debe reinar.

Reflexionemos sobre cuáles son las cualidades necesarias para ese rey, y veamos por qué solo Jesús las reúne todas.

Por qué necesitamos un Rey

Lo único que tenemos que hacer es contemplar la política mundial contemporánea y ver la confusión y la ausencia de cualquier cosa parecida a la unidad en este planeta. Los políticos se jactan de cómo van a resolver los problemas, pero no solucionan nada. Teniendo esto en cuenta, creo que hay seis motivos por los que es necesario un Rey. En general, el mundo padece seis problemas cruciales que hay que resolver.

Primero, *hay que librar a los débiles de la oposición de los fuertes*. El Salmo 72 enseña esto muy claramente, y es solo una muestra de lo que enseña la Biblia acerca de una era venidera en la que los pueblos oprimidos serán liberados y los débiles se verán libres de los fuertes. El Rey debe gobernar para libertar a los débiles.

Segundo, *la raza humana debe ser rescatada de la tiranía de lo que llamamos pecado*. El pecado no es solo un crimen que el ser humano comete contra Dios; también es un monstruo que lleva al agotamiento a la humanidad. A lo largo de toda la Biblia se nos enseña que la raza humana debe verse libre de ese tirano, y que el hombre no puede liberarse solo.

Tercero, *Israel debe ser liberada de quienes la han atormentado tanto tiempo*. Me pregunto si podemos tener la esperanza de que pase esto mientras Satanás ronde suelto por el mundo e Israel se encuentre a la merced de sus vecinos gentiles. ¿Será librada en algún momento de sus antiguos atormentadores? Sí, las Escrituras nos dicen que será así. ¿Quién será el que dé un paso al frente y liberte a Israel de sus enemigos?

Cuarto, *el mundo debe tener un líder perfecto*. Los problemas actuales del mundo han llegado a un punto que escapa a toda solución humana, y ningún ser humano tiene la capacidad de resolverlos. Sin duda que las personas han creado los problemas debido a su pecado y su desobediencia, pero no ha existido ningún ser humano capaz de liberar al mundo. Hasta este momento de la historia, todos los que lo han intentado han fracasado.

Quinto, *los poderes espirituales malignos deben tener un señor, y la muerte un verdugo.* El verso del antiguo himno galés "Guíame, gran Jehová" pone las cosas en su perspectiva correcta:

La muerte de la muerte, la destrucción del averno,
me pondrán a salvo en tierra de Canaán.

Si esto es así, Jesucristo debe ser el verdugo de la muerte, algo que todavía no ha sucedido. Solo Él puede gobernar sobre la muerte y dominar por completo esos poderes espirituales malignos que hacen tantos estragos en nuestro mundo actual.

Sexto, *la muerte debe tener un verdugo.* Tal como están las cosas, la muerte es la que gobierna todo. Solo Jesucristo puede derrotar a la muerte. Él lo pondrá todo debajo de sus pies en un episodio de victoria definitiva. Para liberar a los débiles de la opresión de los fuertes, a la raza humana de la tiranía del pecado, a Israel de sus enemigos históricos y al mundo de sus problemas, y contar así con un líder perfecto, debemos encontrar a alguien que reúna determinadas cualidades concretas.

Las cualidades del Rey

Las cualidades del líder mundial venidero son muy concretas. Permíteme que te exponga algunas de estas consideraciones.

Nacido en la Tierra

Primero, *el que introducirá esta maravillosa Edad de Oro debe ser nacido en la Tierra.* La raza humana está indisolublemente unida al mundo. Tanto si nos gusta como si no, somos hijos del mundo. Nacimos en un hospital, nos pasamos gran parte de la vida caminando por aceras, morimos de nuevo en un hospital pero dos pisos más abajo, y luego nos depositan en un cementerio sin símbolo alguno de la muerte. A pesar de este hecho, somos seres terrenales. Y es que la tierra es nuestra madre. De ella recibimos el cuerpo que tenemos. Esta Tierra en la que vivimos nos ofrece nutrición para nuestros cuerpos. Este mundo es nuestro hogar y, aparte del pecado y de la muerte, no tengo nada en contra de él. Ciertamente, el polvo vuelve al polvo.

La tierra es nuestro hogar y al final será nuestra tumba. La tierra nos llama de vuelta a sus brazos, y nosotros nos echamos y dormimos en el seno de la misma tierra de la que nacimos. Mientras tanto, esa tierra ha sido nuestro campo de batalla, nuestro patio de recreo, nuestro prado, nuestro hogar, nuestro todo por lo que respecta a esta vida.

Entonces Dios, que traerá la paz a este mundo, deberá contar con alguien que reúna la condición de tener un vínculo con este mundo. No podría enviar a reinar a un arcángel. Si el arcángel Gabriel descendiera a Washington no sabría qué decir, aparte de lo que el Señor le hubiera mandado. No sentiría simpatía por el mundo. No nació aquí, y no es carne, sino espíritu. No sabe lo que es nacer, crecer en la escuela, golpearse un dedo y tener paperas. No conoce los problemas a los que nos enfrentamos aquí; pero Jesús nuestro Señor sí los conoció, y aquel que venga debe ser capaz de decir: "Soy del mundo. Nací aquí en la Tierra".

Dios no nos enviará a un desconocido, a alguien que venga de fuera y nos diga cómo resolver nuestros problemas. Esa persona desconocería nuestros problemas. Personalmente, no quiero que nadie venga de Londres o Washington e intente dirigir Estados Unidos, y tú tampoco querrías que nadie viniera de Washington para dirigir tu ciudad natal. No queremos arcángeles o querubines en este mundo, donde vamos tropezando entre tinieblas y vemos cómo sale el sol y se levanta la luna. Queremos a alguien que conozca a los nuestros, que conozca a los seres humanos, que sepa cómo somos (rojos y amarillos, negros y blancos) por todo este planeta.

Necesitamos a alguien que haya sido tentado en todos los sentidos, como nosotros, pero sin que haya cometido pecado. Necesitamos a alguien que tenga nuestro cuerpo y se parezca a nosotros, y ese alguien, por supuesto, es Jesucristo, nuestro Señor. Es alguien que se identifica plenamente con nuestra circunstancia humana, y podemos sentirnos cómodos confiando en Él.

Jesucristo es el Hijo del Hombre, y tuvo un nacimiento en la Tierra. Ten en cuenta que es Dios y que existía antes de este mundo. Estaba con Dios en el principio, y creó todas las cosas. También hizo la misma Tierra que fue su lugar de nacimiento, su patio de juegos, el lugar de su crucifixión y el de su resurrección. Es un hombre del mundo; conoce la Tierra y a sus habitantes.

En el Antiguo Testamento, el sumo sacerdote era elegido de entre el pueblo judío para que conociera a quienes lo formaban. Jesucristo nació entre nosotros para poder conocernos y comprendernos. Recibió su cuerpo de la tierra. Caminó por la tierra y bebió de sus aguas. Navegó por sus lagos y caminó por sus carreteras. Se lavó el polvo de los caminos de sus pies. Se tumbó a dormir en el seno de la tierra por las noches y, cuando murió, le metieron en un lugar apacible en ese seno, del que Dios le levantó al tercer día, conforme dicen las Escrituras.

Jesucristo es parte de la Tierra, y está hecho de lo mismo de lo que está hecha la Tierra, el mundo y la humanidad. Un arcángel nunca podría decir esto. Ni siquiera un querubín podría decirlo. Ninguna criatura extraña de otro planeta podría afirmarlo. Sin embargo, Jesucristo es un hombre y es uno de nosotros.

Una santidad inmaculada

Segundo, *aquel que reine debe tener una santidad inmaculada.* Un Dios santo debe tener un rey santo. Jesucristo es el Santo de Dios. Los adversarios de todas las eras no han hallado mancha en Él. Incluso los enemigos más feroces y contumaces del cristianismo agachan la cabeza cuando se menciona el nombre de Jesús, porque saben que era un hombre santo. Incluso el diablo tuvo que huir de su presencia, y sus enemigos admitieron que ciertamente este hombre era el Hijo de Dios.

El derecho indiscutible a reinar

Tercero, *aquel que reine debe tener el derecho indiscutible a hacerlo.* Este Jesucristo, nuestro Señor, es tanto Dios como hombre, de modo que puede reinar, porque Dios gobierna la humanidad. Es el único en el universo que puede hacer esto. Si alguien hubiera sido un simple mortal, no podría reinar en nombre de Dios sobre nosotros, porque no entendería el punto de vista divino. Si solo hubiera sido Dios, no podría reinar porque diríamos: "¿Cómo conoce Dios nuestros problemas?". Jesucristo es Dios y hombre; de modo que, como Dios, reina sobre la humanidad, porque Él mismo es hombre y conoce a Dios y a la humanidad.

Jesucristo vino en consonancia con las antiguas Escrituras. Dos mil años de profecía bíblica antecedieron a Jesucristo nuestro Señor. Aquellas predicciones fueron tan precisas y detalladas que nadie más en el mundo podía cumplirlas. Nadie podía confundirle; nadie más podía sustentar esa afirmación basada en las profecías de las Escrituras. Esas profecías decían que Jesús nacería en un momento determinado, un lugar concreto, de un linaje particular, de una raza específica, en una familia individual. Cuando vino Jesús, nació de ese linaje, esa raza, esa familia, ese lugar y aproximadamente esa fecha. Nadie más puede afirmar lo mismo.

Buda no pudo decir algo así; vino demasiado pronto. Mahoma tampoco pudo afirmarlo; vino demasiado tarde. Las tablillas genealógicas israelitas se conservaron hasta el momento en que nació Cristo. Cada familia registraba a sus niños varones cuando nacían, de modo que pudieran entroncar su linaje con Abraham. Todo el mundo sabía de qué linaje vendría el Mesías. Pocos años después del nacimiento de Cristo, Tito (30-81 d.C.) vino a la ciudad y la destruyó, y nadie sabe dónde se encuentran hoy esos registros. Ya nadie puede demostrar que pertenece a una tribu particular; por consiguiente, nadie puede venir y decir "Soy el Mesías". Esto se cumplió en Jesucristo el Señor. Tiene el derecho indiscutible a afirmar que es Aquel de quien Dios habló en las centenarias profecías del Antiguo Testamento.

Fiel al hombre y a Dios

En cuarto lugar, *aquel que reine debe ser fiel tanto a los hombres como a Dios.* En su condición de hombre y Dios, puede reinar como Dios sobre los hombres sin hacer concesiones. Las Escrituras dicen que debe reinar. De los detalles prefiero que hablen aquellos que los conocen mejor que yo. He llegado a un punto de mi vida en el que creo con mayor firmeza en la venida de Cristo que en cualquier otro momento, pero tengo una opinión menos dogmática de los detalles. Creo que hay un Rey en camino. Creo que Dios le entregará las naciones de este mundo y que Él reinará y se enseñoreará de ellas. Arreglará lo que está torcido; reinará en justicia, traerá paz, juzgará a los pobres, destruirá al opresor y tendrá dominio sobre toda la Tierra. Cuando venga liberará a los necesitados y redimirá las almas del pueblo del engaño y de la violencia.

La Tierra, tal como la conocemos, está llena de enigmas aún por resolver. Partiendo de mi estudio de las Escrituras, opino que Cristo debe reinar hasta que cada uno de esos enigmas se haya resuelto de forma que redunde en su gloria y en su honra. No hace mucho tiempo, aquellos que pensaban que lo sabían todo enseñaron que podíamos ser todos uno, que todo el mundo amaría a los demás. Sería así de fácil. Actualmente, en el mundo hay más odio que en cualquier otro momento desde sus comienzos. Quizá no haya habido un momento en la historia humana en el que las personas hayan dicho cosas más malvadas, desagradables, abusivas y terribles acerca de otras personas. Ha llegado el día en que se han soltado de la cuerda de Dios y han roto sus límites, y las naciones se han reunido tumultuosamente y han imaginado cosas vanas.

No me gusta sacar a colación cosas desagradables, pero después de todo estamos inmersos en un antagonismo racial. Está por todo el mundo. Da lo mismo adónde vayas en este planeta: verás racismo, lo cual en realidad no tiene sentido. Si tienes más o menos pigmentación que yo, me mirarás con recelo. Si tu nariz tiene una forma distinta a la mía, o si tus ojos son más rasgados que los míos, nos miraremos desde lados opuestos de una línea imaginaria. El antagonismo racial durará hasta que venga el Rey.

¿Y qué decir de la economía? No soy un experto en este campo, y no soy el único; pocas personas saben gran cosa sobre este tema. Sé cómo cambiar dólares a monedas de diez centavos y pagar mis impuestos, pero ese es el límite al que llego en el área de la economía. Tal y como va el mundo, nadie más sabe gran cosa sobre este campo.

Luego tenemos la enfermedad. Se nos dice que estamos venciendo a las enfermedades, pero cada vez que derrotamos a una aparece otra nueva. Los estándares más elevados del mundo se encuentran en el continente norteamericano, pero comemos más grasa que todos los demás países del mundo juntos, y padecemos más infartos. Parece que cuando los expertos en medicina derrotan a una enfermedad entra en escena otra igual de mortífera. Se resuelve un problema y otros dos ocupan su lugar.

Tiene que llegar alguien que sepa algo sobre este tema; y no sé dónde buscar a una persona así entre los hombres. Nunca ha habido un genio capaz de resolver estos problemas de cómo gestionar la política mundial, cómo hacer que las personas se amen unas a otras, cómo mantener la paz en el mundo, cómo resolver el racismo de modo que las personas de diferente color de piel o forma no sucumban al odio e intenten matarse unas a otras. Necesitamos a alguien que solucione los problemas económicos para que no haya más huelgas, guerras y personas que reciban palizas. Necesitamos a alguien que sepa cómo resolver el problema de la enfermedad, de modo que podamos vivir en este mundo sin perder la salud. Actualmente, no existe ningún genio capaz de conseguir esto. Nadie puede aspirar a esta posición.

Corazón, conocimiento y poder

¿Cómo se van a resolver estos problemas? Primero hay que tener un corazón que desee hacerlo. Hoy día en nuestro mundo hay falta de voluntad, falta de amor por la humanidad. Segundo, debemos saber cómo hacerlo. Parece que nadie sabe cómo resolver esto. Tercero, hay que tener la capacidad de hacerlo. Por supuesto, esto pone en evidencia nuestra falta de poder para alcanzar estas metas.

En estas tres cosas (el amor, el conocimiento y el poder), Jesucristo es el único capacitado. Siente un amor ilimitado por la humanidad. Su sabiduría es infinita; y las Escrituras dicen: "toda potestad me es dada" (Mt. 28:18). En todas estas áreas, Jesucristo encaja perfectamente. Nadie más lo hace. Nadie más se acerca siquiera.

Cuando Jesucristo vino al mundo, tenía la compasión infinita de Dios, porque Él es Dios. En su corazón residía toda la compasión infinita de Dios, y nunca contempló a un ciego sin sentir dolor y tristeza en su corazón. Nunca vio a un sordo, incapaz de escuchar los dulces sonidos de la naturaleza, sin que se le compadeciera el corazón. Nunca vio a un hombre con una mano seca, un cojo o una niña muerta a la que llevaban en una camilla, sin que la tristeza invadiera su corazón. Amaba a las personas, no a las poblaciones; amaba a las personas. Le gustaba verlas, escucharlas, sentir su calidez y su mirada. Jesús amaba a las personas hasta tal punto que dio por ellas todo lo que tenía. Poseía el corazón necesario para hacerlo.

Hoy día ninguno de los líderes mundiales tiene un corazón lo bastante grande como para traer la paz y la prosperidad al mundo. El Rey debe tener la sabiduría suficiente para saber cómo hacerlo. Solo una persona satisface este requisito. Solo hay una persona que es sabiduría y justicia, y en quien está escondida toda sabiduría. Conoce todas las respuestas y nunca tendrá que decir "Lo siento, no lo sé". Posee todo el conocimiento de Dios. Este hombre viene a reinar y, cuando venga, sabrá de inmediato cómo resolver los problemas económicos, políticos, raciales y físicos de este mundo. Los resolverá porque es Dios, y se hizo carne para vivir entre nosotros.

Debe reinar hasta que se resuelvan los enigmas de este mundo, y debe reinar hasta que el mal sea derrotado para siempre. Solo Cristo tiene este poder. Todos los que vinieron antes tuvieron cierto grado de poder, pero incluso los mejores entre ellos murieron. Algunos de ellos murieron antes incluso de acabar lo que era necesario hacer. Pero Aquel que vendrá, Jesucristo, no solo tiene el poder, sino que también ha derrotado y destruido a la muerte de una vez por todas. Este Rey es el Cristo resucitado, sobre quien la muerte ya no tiene poder.

Por eso abolirá la muerte. Nadie ha podido hacer esto. Solo dos hombres de este mundo han eludido la muerte: uno fue Elías, y Enoc fue el otro (ver Gn. 5:24; 2 R. 2:11). Los dos escaparon a la muerte porque Dios lo permitió; pero, aparte de estos dos, la muerte ha reinado desde el principio de los tiempos. Esto tan terrible llamado muerte reina sobre toda la tierra, y jamás nadie ha podido escapar de ella. Pero este que vendrá, el Rey, este Cristo resucitado, ha abolido la muerte y la ha puesto debajo de sus pies.

Ahora la muerte reina, y morimos. Pero las Escrituras dicen que Jesús debe reinar. Debe reinar hasta que la muerte sea derrotada. Él obtuvo esa victoria sobre la muerte al pagar una deuda que nunca contrajo. Pagó una deuda que nadie pudo decir jamás que Él había contraído, lo cual puso en sus manos el poder definitivo para reinar sobre la muerte.

El apóstol Pablo escribió: "Porque preciso es que él reine hasta que haya puesto a todos sus enemigos debajo de sus pies. Y el postrer enemigo que será destruido es la muerte" (1 Co. 15:25-26). Por eso creo que Cristo volverá a este mundo. Por eso creo que Jesucristo debe reinar: porque es el único en todo el universo que cumple los requisitos para hacerlo. Es el único con un corazón lo bastante grande como para querer hacerlo, una sabiduría lo bastante infinita como para hacerlo y el poder suficiente como para cumplir esa misión. Es el único que tiene un derecho indiscutible, según las Escrituras proféticas. Es el único nacido en este mundo, y como tal y como miembro de la raza humana, tiene el derecho indiscutible a reinar sobre ella. Es el único calificado para reinar.

Creo que volverá a este mundo para reinar, y me complace dejar los detalles a quienes saben más del tema que yo. Pero mantengo la vista en lo alto, en la bendita esperanza. No creo que pueda tardar mucho más. Quizá hay cosas que ignoro. A lo mejor el Señor tarda más tiempo. Si es así, no entiendo cómo vamos a seguir adelante, porque estamos de lo más ocupados intentando destruirnos. Aquel que es el Rey vendrá pronto.

Al trono majestuoso

Isaac Watts (1674-1748)

Al trono majestuoso
del Dios de potestad,
humildes vuestra frente,
naciones inclinad.
Él es el ser supremo,
de todo es el Señor,
y nada al fin resiste
a Dios el Hacedor.

Del polvo de la tierra
su mano nos formó,
y nos donó la vida
su aliento creador;
después, al vernos ciegos,
caídos en error,
cual padre al hijo amado
salud nos proveyó.

La gratitud sincera
nos dictará el cantar,
y en tiernos dulces sones
al cielo subirá;
con los celestes himnos
cantados a Jehová
la armónica alabanza
doquier resonará.

Señor, a tu Palabra
sujeto el mundo está,
y del mortal perecen
la astucia y la maldad;
después de haber cesado
los siglos de correr,
tu amor, verdad y gloria
han de permanecer.

(Trad. J. B. Cabrera)

LA SEÑAL GLORIOSA DE LA BENDITA ESPERANZA

Padre celestial, cuando profundizamos en el misterio que rodea tu trono en los cielos, las palabras no pueden describir tu gloria. Nos inclinamos, maravillados y en silencio, intentando centrar la vista en ti. Aunque nuestra mente no puede comprenderte, nuestro corazón salta en nuestro pecho de alabanza y adoración a tu revelación. Amén.

Por todo el universo creado solo existen dos sustancias: aquello que es Dios y aquello que no lo es. Lo que es Dios es espiritual, único, no creado, inabordable, incomprensible y totalmente distinto a todo. Es extremadamente racional y supersensato, y elude todos nuestros esfuerzos para acercarnos a Él. Sin embargo, si somos humildes, Él vendrá a nosotros. Nunca podremos llegar lo bastante alto para reunirnos con Él. Dios debe rebajarse a descender a nuestro nivel, por medio del evangelio, para reunirse con nosotros.

Luego está lo que no es Dios, es decir, todo lo que Dios ha creado. No es eterno, sino finito. Ha sido creado, y no es más que la obra de Dios, y son las cosas con las que estamos más familiarizados. David, el salmista, dijo: "Los cielos cuentan la gloria de Dios, y el firmamento anuncia la obra de sus manos" (Sal. 19:1). Muchos se han vuelto expertos en "la obra de las manos" de Dios, pero nunca han profundizado en el misterio de conocer a Dios personalmente. Podemos ver lo que ha hecho Dios, pero nos quedamos cortos a la hora de conocer a quien ha creado todas las cosas.

En los primeros versículos de Apocalipsis 4, Juan miró por una puerta abierta y vio "un trono establecido en el cielo, y en el trono, uno sentado" (v. 2). Juan no identifica al que estaba sentado en el trono pero, partiendo del contexto, sabemos quién era. Cuando los maestros de profecía intentan ofrecernos una imagen del mundo venidero, no se sienten confusos porque las cosas no estén claras, sino porque están demasiado claras. Ven cosas como nunca han visto antes, de modo que tienen que decirnos cómo son tales cosas. No se parecen exactamente a nada conocido, pero sí tienen un parecido, y ahí está nuestro problema. Tales personas intentan describir y definir en términos humanos aquello que escapa al lenguaje humano.

En esta imagen del que está sentado en el trono, vemos que Dios quiere revelarse a Juan. En el Antiguo Testamento, Moisés se protegió tras una roca para estar a salvo del rostro de Dios; pero aquí vemos a Dios que se revela aunque, en realidad, no lo hace. Vemos a Dios que se deja ver, pero no del todo. Al describir lo que vio, Juan carecía del lenguaje y de los conceptos necesarios para explicar su experiencia. Cuando contempló al que estaba en el trono, sus ojos no podían centrarse en Dios. Si se hubiera fijado en Dios, se habría quedado ciego.

Cuando el deseo de Moisés fue ver el rostro de Dios, Él le dijo: "No podrás ver mi rostro; porque no me verá hombre, y vivirá" (Éx. 33:20). A pesar del deseo de Moisés, no podía cruzar determinada línea. Su pasión por Dios le propulsó todo lo que podía en dirección al Señor. Dios, en su gracia, detuvo a Moisés y le protegió en la grieta de una peña.

Cuando Juan mira por la puerta abierta, descubre la pasión de Dios por revelarse. ¿Cómo puede lo infinito recibir a lo finito, o lo finito a lo infinito? El Dios infinito, el que no conoce fronteras, iba a ser recibido por aquel que sí tenía límites. Dios es totalmente distinto al hombre; está por encima de él, elevado y trascendente.

Existe una diferencia clara entre los místicos evangélicos y los racionalistas evangélicos. Un místico evangélico como Juan está en la presencia del Dios maravilloso y exclama: "¡Santo, santo, santo!", cayendo a sus pies como si estuviera muerto. El racionalista evangélico reflexiona sobre el asunto y dice: "Podemos comprenderlo, sabemos qué pasa aquí", y entonces escribe un libro largo y erudito sobre lo que ha visto, describiéndolo con total exactitud.

Los racionalistas evangélicos intentan salir del pozo cenagoso a base de estudio, pero nunca lo conseguirán del todo. Dios nunca permitirá que el hombre, mientras permanezca este mundo, salga de ese pozo espantoso por medio de su raciocinio. Es necesario que tengas una visión abierta, una puerta abierta, un corazón iluminado; y entonces deberás ponerte en pie, mirar por aquella puerta abierta y contemplar aquel trono de gloria, diciendo: "¡Oh, Señor Dios! ¿Soy yo?".

Dios se acerca al hombre

Lo que es Dios y lo que no es Dios están en ámbitos separados. El hecho de que entienda esto no quiere decir que comprenda a Dios. A veces Dios se ha revelado mediante lo que los teólogos llaman una teofanía, que es la manifestación de la luz divina. Lo que conozco de Dios es lo que Él nos ha revelado deliberadamente acerca de sí mismo.

Dios se ha revelado usando figuras del lenguaje, símiles y demás imágenes; se ha dado a conocer al hombre mediante los ángeles y el fuego. Se nos ha revelado por medio de teofanías. Por supuesto, eran solo teofanías, cuando Dios se reveló como fuego y así se acercó al pueblo de Israel. Era Dios y no era Dios, porque Dios no es fuego. La Biblia dice que Dios es fuego consumidor, pero sin embargo no quiere decir que Dios es la llama que centellea cuando enciendes una cerilla. Lamentablemente, hay quienes creen que esa comparación es literal. Cuando Dios dijo que es un fuego refulgente, no lo dijo literalmente. Cuando enciendo una cerilla y la sostengo, y luego vacila y se apaga, eso no es Dios. No es Dios pero es como Dios, tratándose de una sustancia misteriosa y ardiente como lo es Dios.

Otra teofanía es la que tuvo lugar cuando los ángeles descendieron a la ciudad de Sodoma. Dios dijo: "Iré a ver qué sucede". Los ángeles descienden para ver si las cosas están tan mal como algunos dicen. Inmediatamente vemos a dos ángeles que hablan con Abraham. Esos dos ángeles fueron una revelación, sin duda alguna, tanto del Padre como del Hijo, porque Dios dijo: "Iré a ver". Cuando apareció, había dos hombres. A veces se trata de un hombre, y otras es un ángel, y otras es fuego, pero Dios aparece.

La revelación en la sala del trono

Cuando Juan contempló el trono y a quien estaba sentado en él, también vio un arcoíris. Ese arcoíris es interesante. Por supuesto, un arcoíris es lo que vemos los días de tormenta, y Dios hizo que el arcoíris fuera un símbolo de un pacto y de protección eterna. Dios dijo: "Una vez destruí el mundo con un diluvio, pero la próxima vez será por fuego, y eso sucederá al final de todas las cosas. Entre tanto, no se preocupen por los diluvios". El arcoíris alrededor del trono fue una señal del pacto divino, la señal de la protección eterna. El mundo no volverá a ser destruido por agua, sino por fuego. Ese arcoíris rodeaba el trono, como si indicara que se trataba de una protección total basada en un pacto. Esta protección incluía y abarcaba a los ancianos sentados, vestidos con ropas blancas, a las bestias, las criaturas extrañas, y a los 24 ancianos.

Todos estaban allí, y a su alrededor relucía aquel círculo, sin dejar un solo resquicio por donde pudiera entrar el diablo.

Los 24 ancianos alrededor del trono son importantes. ¿A quiénes representan? Este sería otro punto de división. No debería existir división alguna sobre cosas que no tienen un peso específico. Si un hombre insiste en que no cree en las Escrituras, yo puedo estrecharle la mano y vivir con él en la misma ciudad sin que tengamos problemas. Sin embargo, no me arrodillaré con él ni oraré a su lado, ni iré a la iglesia con él, porque no cree en la Palabra de Dios. Puede haber divisiones que nos benefician, y hay otras divisiones que nos perjudican.

¿Quiénes son esos 24 ancianos? Creo que representan a los vencedores de Israel y de la Iglesia. Creo que representan a los ganadores de las doce tribus de Israel y a los doce apóstoles del Cordero. Fijémonos qué nos revelan las Escrituras en Mateo 19:27-28:

> Entonces respondiendo Pedro, le dijo: He aquí, nosotros lo hemos dejado todo, y te hemos seguido; ¿qué, pues, tendremos? Y Jesús les dijo: De cierto os digo que en la regeneración, cuando el Hijo del Hombre se siente en el trono de su gloria, vosotros que me habéis seguido también os sentaréis sobre doce tronos, para juzgar a las doce tribus de Israel.

Alrededor del trono había relámpagos, truenos y voces, además de siete fuegos. Dios y su trono son inmutables, pero la copa de la iniquidad de este mundo sigue llenándose. No me preocupa mi relación con Dios ni el hecho de que el Dios soberano hará su voluntad mediante el torbellino y la tormenta; llegará un día en que habrá paz, un día del que los hombres hablan pero en el que no creen. Llegará un momento en que habrá paz desde el río hasta los confines de la Tierra.

Sin embargo, estoy preocupado porque, cuando la copa de la iniquidad esté llena del todo, vendrá el juicio de Dios. Solo espero que no estemos aquí cuando el juicio de Dios caiga sobre esta Tierra espantosa. No quiero estar en el mundo cuando Dios se levante para conmover al mundo y a sus naciones. Será un milagro que la justicia santa de Dios pueda soportarlo mucho más tiempo. Hemos pecado y hemos renunciado a todo derecho que tuvimos a gozar de la protección de Dios. La copa de la iniquidad se llena rápido y, cuando llegue a su límite, sobrevendrá el juicio de Dios.

Esos relámpagos, truenos y voces vendrán y resonarán aquel día en que se haya llenado la copa del mundo. Cuando la justicia de Dios se haya menospreciado durante tanto tiempo, con tanta intensidad y arrogancia que Él ya no lo soporte más, del trono surgirán relámpagos y truenos. El trono de la gracia se convertirá en un trono de juicio.

Las criaturas alrededor del trono

Juan vio criaturas en torno al trono. El primer ser viviente era como un león; el segundo, como un becerro; el tercero tenía rostro humano, y el cuarto era como un águila que vuela. Estas son las cuatro bestias, o los cuatro seres vivientes.

El rostro de un león

La criatura o bestia con cabeza de león representa el señorío de Jesucristo. El concepto de un rey es noble, porque la gloria del rey no radica tanto en la persona del rey como lo hace en el pueblo. Cuando contemplas a un rey o una reina, no te importa llamarles "su majestad" y "alteza", porque sabes que tales apelativos no se refieren a la persona de la que hablamos, sino a todos aquellos sobre quienes reina. Por lo tanto, el concepto de la monarquía es positivo, porque la gloria del rey radica en la libertad y en la felicidad de su pueblo. La gloria de Jesucristo, el león, radica en el hecho de que es el gobernante sobre un pueblo que gozará de una felicidad suprema y perfecta a lo largo y ancho del universo.

La cabeza de becerro

¿Qué hace aquí un becerro? Representa la obediencia hasta el punto del sacrificio. El pequeño becerro tenía pocas cosas a su favor, no podía esperar gran cosa aparte de la muerte, la sangre y el sacrificio, pero ahí estaba. Dios lo puso ahí: el becerro y el Cordero.

El rostro de hombre

Esto representa la humanidad de Jesucristo. Vino a este mundo como el Dios-hombre. Era Dios tanto como hombre, que es lo que los teólogos denominan "unión hipostática". Fue el hombre Jesús, quien fue clavado en una cruz y murió por los pecados del mundo. Es el hombre Jesús, quien hoy nos representa sentado a la diestra de Dios Padre. Por lo tanto, nuestro vínculo con el trono es este hombre, Jesucristo.

El águila que vuela

Esto representa la deidad de Jesucristo. Sí, era Dios, pero era el Dios-hombre. Como hombre, nos representa delante del trono, y como Dios representa al trono delante de los hombres. Nos cohesiona en una unión absoluta.

La adoración constante

Una cosa que me llama la atención en esta escena del trono es la alabanza constante. Fíjate que los ancianos y los cuatro seres vivientes actuaban de la misma manera. Las criaturas daban gloria y honra primero. Cada una tenía seis alas, y estaban llenas de ojos por dentro, y no descansaban ni de día ni de noche, diciendo: "Santo, santo, santo". Y, sin embargo, nosotros somos tan tolerantes con nosotros mismos que creemos que un hombre que jamás ha dicho sinceramente "santo, santo, santo", que se moriría de aburrimiento si tuviera que habitar día y noche en el cielo clamando "santo, santo, santo", que a ese hombre le predicamos para que vaya directo al cielo cuando se muera y decimos: "Ha ido al cielo". Ahora bien, ¿semejante persona encajaría con la atmósfera de adoración celestial? Cuando esas criaturas daban gloria y honra y acción de gracias a Aquel sentado en el trono, que vive por los siglos de los siglos, instaban a los ancianos a hacer lo mismo.

Una de las cosas positivas de cantar grandes himnos es que instan a los demás a la adoración. Cuando las cuatro criaturas adoraban, los 24 ancianos intervenían y decían: "Adoremos". Se arrodillaban delante de Aquel que estaba sentado en el trono, y adoraban al que vive por los siglos de los siglos, y arrojaban sus coronas delante de Él, clamando: "¡Digno eres, Señor!". De quien hablan en este caso no es de Jesús, sino de Dios Padre. "Señor, digno eres de recibir la gloria y la honra y el poder; porque tú creaste todas las cosas, y por tu voluntad existen y fueron creadas" (Ap. 4:11).

Estas atribuciones de alabanza al Padre y la entrega de las coronas a sus santos pies anteceden a la apertura de los sellos en los rollos. Mientras yo esté en este mundo existen fuera de mi vista, y aunque no los veo son reales. Existen el trono, el que está en el trono, el arcoíris a su alrededor, y una protección eterna basada en un pacto. Alrededor del trono están los representantes de las criaturas que nunca cayeron y los de las criaturas que cayeron y fueron redimidas. Existe una tercera categoría de criaturas que no están representadas. Son las criaturas que cayeron y no fueron redimidas, y que nunca lo serán.

Las dos primeras clases se encuentran alrededor del trono: los que nunca cayeron y los que cayeron y fueron redimidos. Pero la tercera y terrible clase no se encuentra en ese lugar. Se encuentran en otro lugar, pero sabemos que no están delante del trono. Sabemos que están expuestos a la mirada de Dios, porque hay rayos y truenos, voces y llamaradas, y Dios se está preparando para enviar su juicio sobre ellos.

Por qué Dios nos permite ver su trono

Esta impresionante revelación tiene un propósito divino. Se nos ha revelado para que los sabios y los creyentes vivan a la luz de esta visión. Estas cosas se nos revelan para que los necios y los incrédulos no tengan excusa.

El apóstol Pablo, una noche espantosa, padeció un naufragio en el mar Mediterráneo. El barco se hizo pedazos, y todos los que iban a bordo consiguieron llegar a la costa. Algunos lo hicieron sujetos a maderos, otros a remos, y algunos a restos flotantes del cargamento, unos agarrados a una cosa y otros a otra, pero todos llegaron a la playa. Por consiguiente, no tienes por qué saberlo todo. Solo tienes que saber que eres pecador, que Cristo murió por ti y que, si crees en Él, serás salvo. Eres un cristiano que, como dices, está confuso, pero no tienes por qué estarlo. Puedes volver a cualquier versículo que te dé luz, incluso a algunos versículos que otras personas creen que no son para ti.

En este mundo hay una filosofía grande y aplastante que sostiene que llegamos a él con un propósito, un final. Quiero que justifiques tu existencia. Quiero que me digas qué derecho tienes a vivir. Quiero que te excuses delante del tribunal de Dios y el juicio de la humanidad.

¿A quién podemos echar la culpa si nos perdemos esto? ¿A quién culpar si nos perdemos la salvación y el privilegio de estar entre aquellos a los que representan los 24 ancianos, los seres vivientes, aquellas almas redimidas de las que leemos más adelante en el libro de Apocalipsis? Si nos perdemos esto, sería mucho mejor que me hubieran llevado de los brazos de mi madre a una tumba cuando aún no tenía nombre. Hubiera sido mucho mejor que no hubiese respirado jamás el aire fresco de Dios ni me hubiera solazado bajo la luz de su sol. Mucho mejor que no hubiera ido de pequeño a la escuela dominical para oír decir a alguien: "Dios es amor, porque el Señor murió por los impíos". Sería mucho mejor que nunca lo hubiese oído.

Si me lo pierdo, ¿a quién culparé? Ciertamente no al Dios que está sentado en el trono; sin duda no al Cordero que está delante del trono como inmolado; por supuesto, no al Espíritu Santo de fuego que se mueve por todo el mundo llevando el evangelio a los hombres. Si después de todo lo que he hecho en mi vida, después de satisfacer mis propios placeres, con todas mis luchas y batallas... me pierdo esto, ¿realmente valió la pena el esfuerzo? ¿Podré culpar a Aquel que se rebajó hasta mi nivel para rescatarme de los perjuicios de mi pecado? ¿Realmente valió la pena mi rebelión contra Dios?

Visión gloriosa contemplad
Isaac Watts (1674-1748)

Visión gloriosa contemplad,
¡oh nuestros ojos de fe!
La tierra y el mar pasados son,
y el cielo ya no es.

Del tercer cielo, de Dios morada,
lugar feliz de santidad,
desciende la Nueva Jerusalén,
adornada de gracia sin igual.

Los ángeles cantan de puro gozo,
y claman las huestes de esplendor:
"¡Mortales! Mirad el trono santo
del sumo rey vuestro que desciende.

El Dios de gloria a los humanos
otorga bendita morada;
el hombre, objeto amado de su gracia,
y Él, Dios misericordioso.

Su propia mano enjugará el llanto
de todo ojo doliente;
el dolor, el lamento, la tristeza y el miedo,
junto a la muerte perecerán".

¿Hasta cuándo, amado Salvador?
¿Cuánto demorarás la hora gloriosa?
Apresurad el paso, ruedas del tiempo,
y traednos ese día anhelado.

7

El velo místico de la bendita esperanza

¡Oh, Señor Dios nuestro!, te adoramos a ti y el esplendor de tus revelaciones. Me has pedido que busque tu rostro, y con gran temor y conmoción yo lo busco. Mis ojos anhelan verte, pero tu santidad me constriñe. Debo verte; ¿cuándo vendré y apareceré delante de ti? Vuelvo mi espalda a todos los demás y te busco solo a ti y la plenitud de tu revelación. Amén.

Cuando reflexiono sobre el trono y sobre Aquel que está sentado en él, no puedo por menos que ver la nube que le oculta a nuestra vista. Cuando nos referimos a nuestro Señor, la mención de una nube es muy importante. Cuando se fue del mundo, lo hizo en una nube. Esto no tiene nada que ver con las nubes con las que estamos tan familiarizados, las que traen lluvia. Dios nunca se ocultaría en una nube así. Cuando nuestro Señor se fue, lo hizo en otro tipo de nube, y es importante que comprendamos la importancia de la misma. Es la nube de la *shekiná*, la nube de la Presencia. No es otra cosa que el velo místico de la presencia impenetrable de Dios.

En la Biblia, esta nube tiene una historia gloriosa e impactante. A menudo se la menciona como "la gloria *shekiná* de Dios". Dios se oculta a los ojos de los hombres y las mujeres irredentos, y solo concede destellos de iluminación a quienes han nacido de nuevo y anhelan ver el rostro de Dios. A menudo David rogaba ver el rostro divino.

No escondas tu rostro de mí. No apartes con ira a tu siervo; mi ayuda has sido. No me dejes ni me desampares, Dios de mi salvación (Sal. 27:9).

Oh Dios de los ejércitos, restáuranos; haz resplandecer tu rostro, y seremos salvos (Sal. 80:7).

David no se contentaba con nada menos que el rostro de Dios. Nuestro problema hoy día es que normalmente nos contentamos con cualquier cosa menos con el rostro deslumbrante de Dios. El costo y la inconveniencia de profundizar en su presencia son excesivos para el tipo de vida que vivimos. La historia está repleta de referencias a esta nube mística que oculta la presencia del Dios todopoderoso.

La nube de la presencia divina

Un repaso rápido a la historia bíblica nos ofrece ciertas indicaciones de la naturaleza de esa nube. Cuando Israel salió de Egipto y cruzó el Mar Rojo para entrar en el desierto, tenían una nube sobre ellos, y en aquella nube residía la poderosa *shekiná* de la presencia de Dios. La nube los guardaba de día, y una columna de fuego por la noche. Se trataba de la misma presencia tanto de día como de noche.

La nube tenía dos propósitos. Primero, protegía a Israel de sus enemigos. Ningún enemigo podía tocar a Israel sin el permiso directo de Jehová. Una y otra vez, vemos esta misma verdad ilustrada a lo largo de toda la historia de Israel, sobre todo en el desierto. Para que un enemigo atacase a Israel en cualquier sentido, tenía que atravesar lo que es impenetrable, la presencia de Jehová, la gloria *shekiná*.

Segundo, esta nube ocultaba su rostro a Israel mientras los dirigía. Moisés, en el espíritu de la fe, desafió a Dios a que se revelase:

> Y dijo Moisés a Jehová: Mira, tú me dices a mí: Saca este pueblo; y tú no me has declarado a quién enviarás conmigo. Sin embargo, tú dices: Yo te he conocido por tu nombre, y has hallado también gracia en mis ojos. Ahora, pues, si he hallado gracia en tus ojos, te ruego que me muestres ahora tu camino, para que te conozca, y halle gracia en tus ojos; y mira que esta gente es pueblo tuyo. Y él dijo: Mi presencia irá contigo, y te daré descanso. Y Moisés respondió: Si tu presencia no ha de ir conmigo, no nos saques de aquí. ¿Y en qué se conocerá aquí que he hallado gracia en tus ojos, yo y tu pueblo, sino en que tú andes con nosotros, y que yo y tu pueblo seamos apartados de todos los pueblos que están sobre la faz de la tierra? Y Jehová dijo a Moisés: También haré esto que has dicho, por cuanto has hallado gracia en mis ojos, y te he conocido por tu nombre. Él entonces dijo: Te ruego que me muestres tu gloria. Y le respondió: Yo haré pasar todo mi bien delante de tu rostro, y proclamaré el nombre de Jehová delante de ti; y tendré misericordia del que tendré misericordia, y seré clemente para con el que seré clemente. Dijo más: No podrás ver mi rostro; porque no me verá hombre, y vivirá (Éx. 33:12-20).

En ese momento de la vida de Moisés, estoy seguro de que habría preferido ver el rostro de Dios antes que seguir vivo. Sin embargo, aún no estaba listo para eso.

Esta es la gran contradicción espiritual: anhelar ver el rostro de Dios y que se nos prohíba hacerlo. A pesar de la incoherencia, la promesa dada a Israel era que, mientras habitasen en medio de la gloria *shekiná* de Dios, ningún enemigo los podría tocar. Como nación, se deleitaban en el rostro sonriente de la providencia.

El tabernáculo

Tras la construcción del tabernáculo descendía la nube de la *shekiná*, descansando sobre el lugar santísimo. Aquella nube dirigió a Israel durante 40 años mientras viajaban por el desierto, cerniéndose sobre ellos como una nube visible durante el día y como una columna de fuego por la noche. El centro de la nube era el tabernáculo, que disfrutaba de la sombra constante de la presencia y el favor divinos.

A menudo me pregunto si el israelita medio, durante aquella época en el desierto, era consciente de estar viviendo bajo la misma presencia del Señor Dios Jehová. ¡Cómo habrá sido levantarse por la mañana, mirar por la puerta de la tienda y ver la presencia de Dios cerniéndose sobre el tabernáculo y el lugar santísimo, sabiendo que Jehová estaba allí! Israel no podía olvidar a su Dios cuando cada mañana gozaba de la manifestación visible de su presencia.

El monte de la transfiguración

En el Nuevo Testamento tenemos un ejemplo glorioso de esta nube. Cuando Jesús y sus discípulos estuvieron en el monte de la transfiguración, volvemos a ver esa nube (ver Mt. 17:1-8). Aquellos discípulos anonadados le vieron por primera vez tal como era realmente. En su gloria transformada, le adoraron como nunca antes. Nos cuesta entender qué comprendieron gracias a lo que vieron y experimentaron. En su vida hasta aquel punto, nada les había preparado para una manifestación tan magnífica de la obra de Cristo.

Este incidente en el monte de la transfiguración dio a Pedro, Santiago y Juan un atisbo del Cristo glorificado, transformado. Es el mismo Cristo al que Juan vio en Apocalipsis sentado en el trono. ¿Iría demasiado lejos si dijera que fue el mismo hombre que vieron Sadrac, Mesac y Abed-nego en el horno de fuego, aquel cuarto hombre semejante al hijo de los dioses? A lo largo de las eras, ese "cuarto hombre en el horno" se ha revelado a diversas personas. Un día, toda la humanidad estará expuesta a este ser glorificado.

Pedro escribe sobre este incidente en 2 Pedro 1:16-21, y dice que escribe "como habiendo visto con nuestros propios ojos su majestad" (v. 16). Pedro emplea el término "majestad", porque ninguna otra palabra parece adecuarse a su experiencia. No hay manera de definirlo teológicamente; no encajaba en ninguna estructura doctrinal conocida para el hombre. Es imposible racionalizar esto o adaptarlo a ningún tipo de fórmula filosófica. Ellos fueron testigos oculares de la majestad de Dios y del Cristo transfigurado; y el modo en que Pedro habla del episodio en su epístola denota un temor reverente ante la gloria de Dios, que casi le induce a susurrar.

Por supuesto, el punto crucial del monte de la transfiguración fue Cristo. Al transfigurarse delante de ellos, los discípulos vieron el velo místico de la bendita esperanza. Fue entonces cuando Pedro, que no sabía qué decir, hizo lo que hace la mayoría de personas, y aventuró: "Señor, bueno es para nosotros que estemos aquí; si quieres, hagamos aquí tres enramadas: una para ti, otra para Moisés, y otra para Elías" (Mt. 17:4).

Mientras Pedro hablaba, "una nube de luz los cubrió" (v. 5). Era la gloria *shekiná* de Dios que descendía sobre ellos. Los tres discípulos se vieron impresionados por la luminosidad de aquella nube; era distinta a todas las que hubieran visto antes. No era una nube portadora de lluvia, sino que albergaba la naturaleza majestuosa del propio Dios. Se encontraron rodeados de una nube de fulgor divino y, en consecuencia, no sentían deseos de marcharse. ¿Y quién querría hacerlo?

De esa nube salió una voz: "Este es mi Hijo amado, en quien tengo complacencia; a él oíd" (v. 5). Vieron ante ellos a un Cristo transfigurado cuyo rostro brillaba como el sol, y sus vestiduras eran blancas como la luz. La voz, que no podía ser otra que la del propio Dios, declaró la supremacía de Aquel que estaba delante de ellos, y que era agradable a su vista.

Esta experiencia del Cristo transfigurado desafió todo lo que ellos habían conocido hasta aquel momento; fue una experiencia que agotaba toda explicación humana. Si Pedro, Jacobo y Juan hubieran sido como muchas personas de hoy día, habrían escrito un libro donde explicarían con grandes detalles y una autoridad pomposa todo lo sucedido. Jacobo nunca escribió sobre el tema. Pedro habló del episodio en 2 Pedro 1, pero con un tono santo y modesto. Juan, en Apocalipsis, no intentó explicarlo; solo expuso los detalles tal como los experimentó en la plenitud de la gloria majestuosa de Cristo.

> Y habiendo dicho estas cosas, viéndolo ellos, fue alzado, y le recibió una nube que le ocultó de sus ojos. Y estando ellos con los ojos puestos en el cielo, entre tanto que él se iba, he aquí se pusieron junto a ellos dos varones con vestiduras blancas (Hch. 1:9-10).

¡Oh, este Cristo! Aquel sentado en el trono, envuelto en el velo místico de la gloria de la majestad divina. Las palabras se quedan cortas, el lenguaje se agota, pero el corazón redimido se levanta en adoración y alabanza, y entona el himno del Cordero y de Aquel sentado en el trono. Yo personalmente ansío cantar alrededor del trono. A menudo, en nuestros cultos en la iglesia, los cánticos no son más que una actuación. ¡Oh, pero un día los levantaremos en respuesta a la gloria manifiesta de Aquel sentado en el trono! Será una ofrenda digna del Cordero.

Jesús en el centro de toda profecía

Es interesante que en el principio del libro de Apocalipsis encontremos ya a Cristo. El tema central del libro es la revelación de Jesucristo. Él se encuentra en el centro de toda profecía. Si seguimos un rastro profético que nos aparta de Aquel sentado en el trono y glorificado, podemos estar seguros de que avanzamos hacia algún tipo de herejía. En Apocalipsis, todo conduce a Cristo y todo procede de Él. Él es el centro, el meollo de todas las cosas. Es Aquel de quien cantan los santos ancianos, las criaturas, los ángeles, los serafines y los querubines. Cuando no nos centramos en Él, surgen las herejías.

Aquel que está sentado en el trono es el alfa y la omega, el principio y el fin. Es la suma total de todas las cosas que fueron, son y serán. Nada se puede entender sin relación a esa gloriosa Persona sentada en el trono. Su presencia está envuelta en el velo místico de la bendita esperanza.

La idea central de toda profecía es: "Este mismo Jesús, que ha sido tomado de vosotros al cielo, así vendrá como le habéis visto ir al cielo" (Hch. 1:11). Si no crees nada más, y si los maestros de profecía con sus gráficas te han confundido, al menos puedes creer esto: "este mismo Jesús" y "así vendrá". Este es el principio y el fin de toda profecía.

Cuando el cuerpo de Jesús estuvo en la tumba de José de Arimatea, el espíritu de Jesús predicaba a las almas encarceladas, y su cuerpo, durante ese tiempo, estaba en el sepulcro. Al tercer día regresó, fue glorificado, penetró de nuevo en su cuerpo, se levantó de la tumba y pasó a ser un hombre que vive para siempre.

Los padres de la Iglesia dicen: "Creo en Dios, Padre todopoderoso, y creo en Jesucristo, el Hijo que es testigo fiel y primogénito de los muertos, príncipe de los reyes de la Tierra". Cuando venga, yo creo que se alzará un clamor que resonará por todo el mundo: "¡He aquí que viene!". Cuando se alce ese clamor, todo ojo le verá, y las familias de la Tierra renunciarán a sus vacaciones, sus fiestas, sus apartamentos dúplex, sus libros, sus cines, sus bailes y sus empleos... todas esas cosas terrenales y nimias. Todo lo que hoy día requiere su atención palidecerá en comparación con Aquel que vendrá. Entonces solo tendrán una única preocupación. Pero, ¡ay!, será demasiado tarde, y los reyes de la Tierra harán lamento por causa de Él.

Este mismo Jesús viene, y volverá de forma parecida a como se fue. Se marchó como hombre envuelto en una nube. Volverá en una nube, exactamente como le vieron irse. Quienes le conocieron le reconocerán. Todos los reinos del mundo le reconocerán, porque es un hombre. Es un hombre glorificado, no un espíritu ni un ángel, no una criatura salida del fuego, sino el hombre que caminó por este mundo, que comió pescado, bebió las dulces aguas de Galilea y dijo: "María", y a su discípulo dijo: "Pedro". Este mismo Jesús volverá.

Toda la Biblia enseña esto. Se encuentra en los libros de Apocalipsis y Daniel, Isaías y Jeremías; se enseña en Lucas y Marcos, en Juan, en Mateo, en Hechos y Romanos, en 1 y 2 de Pedro y en 1 Juan. A lo largo de todas las Escrituras tenemos esta visión panorámica y esta expectativa gloriosa del mismo Jesús que volverá. Esta armonía de expectación es el corazón palpitante de la experiencia cristiana genuina. No es otra cosa que la esencia de nuestro gozo y nuestro deleite como creyentes que anhelan el regreso de Jesús.

Isaías nos dice: "Tus muertos vivirán; sus cadáveres resucitarán. ¡Despertad y cantad, moradores del polvo! porque tu rocío es cual rocío de hortalizas, y la tierra dará sus muertos" (Is. 26:19). Sí, cantaremos.

Siempre que estoy de acampada veo algún jilguero americano. Tienen una costumbre que me encanta. Cuando se alimentan, guardan silencio; pero en cuanto los inquietas, salen volando y cantan a la vez. Mientras vuelan por el aire hacen pequeños movimientos y son un espectáculo bonito de ver, con sus colores negro y amarillo. Esto es exactamente lo que haremos nosotros. Nos levantaremos y cantaremos: "A Aquel que mora en el polvo, la tierra dará sus muertos".

¡Mirad, que en las nubes desciende!
John Cennick (1718-1755)

¡Mirad, que en las nubes desciende
quien murió por los tristes pecadores!
Miles y miles de santos le rodean,
de su séquito aumentando el poderío:
¡Aleluya, aleluya, aleluya!
Al mundo viene Dios para reinar.

Todo ojo le verá en este momento,
revestido de temible majestad;
quienes le despreciaron y vendieron,
maltrataron y clavaron en la cruz,
gimiendo en desespero y en angustia
verán al Mesías verdadero.

Toda isla, mar, montaña,
los cielos y la tierra pasarán;
y aquellos que le aborrecen, confundidos,

oirán trompeta que proclama el día:
¡Venid al juicio, venid al juicio! ¡Venid al juicio!
¡Venid todos al juicio, venid ya!

La redención, tan esperada,
ved de solemne pompa rodeada;
todos sus santos, del hombre aborrecidos,
con Él se reunirán allá en los cielos:
¡Aleluya, aleluya, aleluya!
¡Ved que alborea el Día del Señor!

Las huellas amadas de su Pasión
lleva aún su cuerpo reluciente;
inducen la alabanza sempiterna
de sus adoradores rescatados.
¡Con qué gozo, con qué gozo, con qué gozo
contemplamos las heridas de su gloria!

¡Sí, amén! Que todos te adoren,
en lo alto de tu trono celestial.
Salvador, toma poder y gloria,
reclama el reino solo para ti.
¡Ven pronto, ven pronto, sí, ven pronto!
¡Dios de la eternidad, desciende ya!

8

LA AUTORIDAD DE LA BENDITA ESPERANZA

Tu trono en lo alto, oh Dios, está establecido de la eternidad a la eternidad. No existen límites para tu autoridad, ni nadie puede desafiarla. Tu reino está lleno de tu bondad, misericordia y sabiduría. Tú reinas solo, y llamas a todas las cosas a tu Persona. La gloria de tu sabiduría se percibe en toda tu Creación. Reinas en majestad en lo alto, y me postro humildemente ante ti en adoración y alabanza. Amén.

Resulta difícil apartarse del trono de la majestad en Apocalipsis 4. Juan nos ofrece un relato preciso de lo que vio: "He aquí, un trono establecido en el cielo, y en el trono, uno sentado" (Ap. 4:2). Aquí, en los lugares celestiales, la majestad de Aquel que estaba sentado en el trono se revela a Juan. ¡Y menuda revelación!

No se trata de un trono cualquiera, sino de "un trono establecido en el cielo". La localización de este trono es importante. "En el cielo" indica que está por encima del mundo y de todas sus autoridades. Es un trono que no se puede comparar con ningún otro en todo el universo creado. Es la fuente absoluta de toda autoridad, de la que se derivan todas las demás potestades.

Resulta interesante ver cómo habla Juan de este trono. Usa estas expresiones: "en el trono", "alrededor del trono", "del trono", "delante del trono", "junto al trono" y, por último, en el versículo 10, repite "delante del trono". El clímax de esta visión del trono es cuando aquellos que están asociados con Él y con el que está sentado en el trono arrojan sus coronas ante Él, diciendo: "Señor, digno eres de recibir la gloria y la honra y el poder; porque tú creaste todas las cosas, y por tu voluntad existen y fueron creadas" (v. 11).

Está claro que el que aporta majestad y gloria al trono es quien está sentado en él. Y la reverberación celestial y armónica envuelve el trono en una adoración constante. Solo Aquel que está sentado en el trono es digno de semejante alabanza, y toda la creación se postra delante de Él con reverencia y adoración.

La visión que tuvo Juan de este trono en el cielo hace una declaración poderosa a toda la creación. Este trono es el centro de todas las cosas creadas, y de él desciende toda autoridad, dominio y poder. Juan intenta describir lo que ve, pero su descripción queda limitada por el lenguaje humano. El lenguaje siempre es torpe, sobre todo cuando intenta describir lo que vio Juan.

El trono declara autoridad

El trono en el cielo declara la autoridad de Dios, su dominio y su poder. En el intento de Juan de describir el trono, no podemos evitar darnos cuenta de que del trono emana autoridad. Ten en cuenta que la autoridad de la que se habla aquí es una autoridad permanente. Aquel que estaba sentado en el trono no heredó de nadie su autoridad, ni le ganó el trono a nadie. Nunca hubo un momento en que no poseyera toda la autoridad. Su autoridad antecede al tiempo y a la creación de todo lo que existe. Y tampoco habrá un momento cuando su autoridad se vea mermada en ningún sentido o ni siquiera discutida.

La autoridad que emana de este trono es universal. No se desprende de nada, mientras toda otra autoridad se deriva de esta autoridad superior. Los ejemplos de esta autoridad serían

Lucifer, Melquisedec, David, los apóstoles, los gobernantes de este mundo, y la lista sigue y sigue. Todos estos obtuvieron su autoridad de algún poder superior. Hubo un momento en que no tuvieron esa autoridad; luego, una autoridad superior a ellos se la confirió. Su autoridad es limitada, y llegará un momento en que les será arrebatada. Esta autoridad es limitada en todos los sentidos.

La autoridad declarada del trono en el cielo no es derivada, es permanente y nadie la puede discutir. Esta autoridad proviene del propio Dios, en virtud de quién es, qué es y qué ha hecho. Sería imposible separar esa autoridad de su persona. Los reyes y gobernantes de este mundo toman prestada su autoridad, pero Aquel en el trono no la toma de nadie. Su autoridad procede de sí mismo, es infinita y no merma con el paso del tiempo.

Durante mi vida he visto a hombres como Adolf Hitler ascender a un puesto de autoridad. Hubo una época en que nadie conocía para nada a Adolf Hitler. Luego su nombre estaba en labios de casi todas las personas civilizadas de este mundo. Ascendió en autoridad y poder, y durante un tiempo tuvo autoridad. Luego llegó la hora de su muerte y ya no tuvo autoridad, y hoy día su nombre tampoco la tiene. Esta es la autoridad prestada de la criatura, que obtiene su autoridad del Creador.

La autoridad del que está en el trono es absoluta y universal. No hay ningún lugar al que podamos ir en todo el universo creado en los cielos donde lleguemos al final de su autoridad. Nada ni nadie puede limitar jamás la autoridad divina. Es absoluta en todos los sentidos. David el salmista se maravillaba ante esta faceta de Dios. Escribió su experiencia en unas palabras que solo él podía utilizar:

> ¿A dónde me iré de tu Espíritu? ¿Y a dónde huiré de tu presencia? Si subiere a los cielos, allí estás tú; y si en el Seol hiciere mi estrado, he aquí, allí tú estás. Si tomare

las alas del alba y habitare en el extremo del mar, aun allí me guiará tu mano, y me asirá tu diestra. Si dijere: Ciertamente las tinieblas me encubrirán; aun la noche resplandecerá alrededor de mí. Aun las tinieblas no encubren de ti, y la noche resplandece como el día; lo mismo te son las tinieblas que la luz (Sal. 139:7-12).

David entendía que la autoridad de Dios era ineludible. Él fue un ejemplo de lo que pasa cuando alguien intenta huir de esa autoridad pero no puede conseguirlo. Por último, cedió y descubrió una gran bendición contenida en la autoridad divina. Quienes desafían la autoridad divina descubren que no están a su altura, y padecen las consecuencias de caer bajo la autoridad de Dios.

El trono declara dominio

El que está sentado en el trono ejerce su autoridad en todo su dominio, y no hay nadie que pueda excluirse de este. Incluso si pudiéramos tomar toda la tecnología de que dispone hoy la humanidad y multiplicarla por mil, ningún aparato descubriría para nosotros los límites de nuestro universo. En cuanto un hombre cree haber descubierto las fronteras últimas, descubre otra galaxia cuya existencia ignoraba.

Esto declara la soberanía del que está sentado en el trono. Desde el átomo minúsculo a las estrellas en el firmamento, todo está sujeto a su voluntad soberana. Unas leyes ineludibles controlan toda la creación. Las estrellas en los cielos están sujetas a leyes que no crearon y de las que no pueden escapar.

Algunas personas, desesperadas, dirán: "¡Ojalá fuera libre como un pájaro para irme volando!". La verdad es que las aves no conocen la libertad, sino que están sometidas a la ley de la gravedad como cualquier otro ser. Contradecir la ley de la gravedad hace que una persona entre en conflicto con esa ley.

Ninguna vida escapa a la voluntad soberana de ese trono. Toda vida está sujeta a la voluntad establecida por Aquel que está sentado en el trono. El hombre, por ejemplo, no elige cuándo nacer, ni su raza ni su sexo. Tampoco elige el momento y el lugar de su muerte. Estas cosas están sometidas a la voluntad soberana de Aquel que está en el trono. Los hombres que controlan muy poco sacuden su puño, desafiando al que está sentado en el trono; pero este gesto no intimida en absoluto a Dios.

También todos los planes están sometidos a su voluntad soberana. En este mundo todo contribuye al cumplimiento de un plan eterno establecido desde el trono de Dios. "Y la adoraron todos los moradores de la tierra cuyos nombres no estaban escritos en el libro de la vida del Cordero que fue inmolado desde el principio del mundo" (Ap. 13:8). No hay nada que, en ningún sentido, contradiga la voluntad soberana del trono.

Algunos pueden señalar que da la sensación de que el pecado ha derrotado a ese propósito. Fíjate en lo que pasa en el mundo y la devastación fruto del pecado. ¿Cómo puede estar eso sujeto a la voluntad soberana? Cuando contemplamos el trono en el cielo, descubrimos una estrategia de largo alcance, omnisciente, que fluye desde el principio de los tiempos. Todos los sucesos, en cada generación, guardan una armonía absoluta con la voluntad soberana del trono.

Cuando José se reveló por fin a sus hermanos, ellos pensaron que se vengaría de ellos por todo el sufrimiento y la tristeza que le habían causado. "Y les respondió José: No temáis; ¿acaso estoy yo en lugar de Dios? Vosotros pensasteis mal contra mí, mas Dios lo encaminó a bien, para hacer lo que vemos hoy, para mantener en vida a mucho pueblo" (Gn. 50:19-20).

El Dios todopoderoso puede convertir aquello que tiene una intención maligna en algo positivo. Debe ser una especie de burla amarga para el diablo darse cuenta de que nada de lo que puede hacer logra frustrar de ninguna manera la voluntad soberana de Dios. El diablo solo emplea una autoridad prestada. El trono en los cielos declara el dominio absoluto de Aquel que está sentado en él.

El trono declara poder

Es concebible que alguien pueda tener autoridad para hacer algo y, sin embargo, carecer del poder para hacerlo. Un agente de policía tiene la autoridad para arrestar a alguien, pero quizá no tenga el poder para someter a ese individuo a su autoridad. Por otro lado, alguien puede tener el poder para arrestar a una persona y someterla a su control, pero no la autoridad para hacerlo. Lo que Juan ve en el cielo es un trono que no solo tiene autoridad y dominio, sino también el poder necesario para cumplir la voluntad soberana del trono. Este poder es la capacidad de instar a la obediencia a un plan concebido previamente. Durante un periodo de tiempo, Dios invitará a la obediencia, pero llegará un momento en que la impondrá y todos tendrán que someterse a ella.

Él lo hará

¿Cuál es el plan de Dios? Creo que Dios ha revelado una parte de su plan eterno. Este presenta diversos aspectos.

Primero, cuando leemos el libro de Apocalipsis creo que Dios tiene un plan para renovar el planeta Tierra. El pecado ha destruido diversos aspectos del planeta hasta tal punto que solo Dios puede rescatarlo. Una parte del plan de Dios consiste en la renovación de los planetas y de la Tierra. Además, creo que una parte de su plan es la reclamación de una raza humana. A pesar de todos los progresos en la filosofía, la educación, la tecnología y la medicina, la raza humana se está viniendo abajo. En cuanto se cura una enfermedad, dos o tres se apresuran en ocupar su puesto. En la raza humana hay una enfermedad que exige lo que solamente puede hacer el poder del trono.

Para conseguir la reclamación de la humanidad, el programa de Dios tiene dos metas. Una sería la glorificación del Cuerpo, es decir, la Iglesia de Jesucristo. En estos mismos instantes Dios llama al mundo, y esta Iglesia espera pacientemente la glorificación, cuando todos entraremos en la presencia de Aquel sentado en el trono.

Otro plan consiste en la restauración de una nación, Israel. A lo largo de la historia, esta pequeña nación ha sido atacada, acosada, herida y agredida. El hecho de que siga siendo una nación es un testimonio de la soberanía de Dios. ¿Hay algún otro país en el mundo más odiado que Israel? A lo largo del libro de Apocalipsis entendemos que Dios llevará a esta nación de vuelta a un punto de gloria. Restaurará esa nación, e incluso se sentará en el trono de Jerusalén en persona. El trono en el cielo se refleja en el trono que volverá a establecerse en Israel.

Este poder sale del trono para cumplir los propósitos divinos, que se despliegan sistemáticamente y nunca podrán fracasar. El poder que fluye del trono es imparable, no tiene rival ni origen externo, y siempre cumplirá la voluntad soberana del trono. De ese trono procede la gran estrategia que supera al diablo y al hombre. Juan escribe: "y delante del trono ardían siete lámparas de fuego, las cuales son los siete espíritus de Dios". Aquí tenemos la sabiduría absoluta de Dios, que ha diseñado esta grandiosa estrategia.

La pregunta ahora podría ser: "¿Por qué el triunfo del mal?". Las personas están llenas de pecado, y las naciones ascienden para luego caer. La inmensa mayoría de las naciones está en guerra. Parece que una nación está contra otra, un reino contra otro. Parece que hoy día el mal triunfa en nuestro mundo. ¿Cómo se puede explicar esto a la luz de la soberanía divina?

¡Ah, pero es que el que está sentado en el trono ha resuelto todo esto con su plan maestro! Este plan que emana del trono tiene varias características notables. Tiene la sabiduría para concebir ese plan, la bondad para quererlo, la autoridad para ejecutarlo y, lo que es más importante, el poder para imponerlo. Todas estas cosas son necesarias y están arraigadas en Aquel que está sentado en el trono.

Aunque parece que el mal triunfa ahora, debemos recordar que "ahora" no es más que un punto en el tiempo. La gran estrategia que surge del trono se desarrolló antes del inicio del tiempo, y este no lo mermará en ningún sentido. Juan apunta a esto en Apocalipsis 13, cuando habla del "Cordero que fue inmolado desde el principio del mundo" (v. 8). Antes de que el mundo fuese, Dios ya había establecido el plan de salvación. El pecado y la maldad humanos no pillaron a Dios por sorpresa. En todo momento su voluntad soberana ha tomado en consideración el pecado humano. Y gracias a Aquel que está sentado en el trono, todo el pecado y toda la maldad de la humanidad no pueden intimidar en ningún sentido a la voluntad soberana de Dios.

Jesús declaró su poder a sus discípulos, y este fue el fundamento para que ellos fueran por el mundo predicando el evangelio: "Y Jesús se acercó y les habló diciendo: Toda potestad me es dada en el cielo y en la tierra" (Mt. 28:18).

Al aceptar la bendita esperanza, esos discípulos contaban con la autoridad que necesitaban para ir adonde Jesús les mandó: a todo el mundo. Esta autoridad no radicaba en la experiencia personal de ellos, ni en su conocimiento teológico ni su experiencia, ni en su capacidad para expresar el mensaje del evangelio. Por lo que respecta a la ley, nadie la explicaba mejor que los fariseos, y nadie tenía menos poder que ellos. Nuestra autoridad descansa sobre la bendita esperanza. Si nuestro mensaje se aparta aunque sea solo un poco de ella, habremos renunciado a toda nuestra autoridad y poder. Lo que traemos al mundo no es un mensaje, sino a la persona de Jesucristo. La autoridad de la bendita esperanza radica en la persona de la bendita esperanza. Amén; sí, ven, Señor Jesús.

Vienes ya, mi Salvador
Frances Ridley Havergal (1836-1879)

Vienes ya, mi Salvador,
vienes ya, oh tú mi Rey,
con belleza deslumbrante,
con tu gloria trascendente.
Hemos de gozarnos y cantar:
¡Ya viene! En oriente ya despunta
cual heraldo luz brillante.
¡Ya viene! Oh, glorioso Sacerdote,
tus campanillas oímos.

Vienes ya, sí, tú ya vienes,
contigo nos reuniremos;
te veremos, te conoceremos,
te bendeciremos, te mostraremos
todo lo que pueda decir el corazón:
¡Qué himno tan glorioso,
que tu amor nos ha inspirado,
vertiendo nuestra dulzura
a tus pies de gloria siempre!

Tú ya vienes; a tu mesa
somos testigos de esto;
recibes los corazones
en comunión clara y dulce,
arras de la bendición futura,

que muestran no solo tu muerte
y tu amor que todo supera,
sino tu trono y venida,
que anhelamos y esperamos.

Tú ya vienes, y esperamos
con una esperanza firme,
sin preguntar día u hora,
reposando en tu Palabra de poder,
bien cubiertos por el velo.
Puede que el momento tarde,
mas la visión es certera:
la fe nos hará bien fuertes,
la paciencia gozosa firme está.

¡Oh, qué gozo ver cómo reinas
tú, mi Salvador amado!
Toda lengua confiesa tu nombre,
llevándote en grata unidad
alabanza, honor, gloria, bendición;
tú, Maestro y Amigo,
justificado en el trono;
¡Glorificado, adorado y reclamado
hasta el confín de la Tierra!

9

LA VERDADERA ESPERANZA DE LA BENDITA ESPERANZA

Tú, ¡oh Dios!, me has mandado que busque tu rostro; y tu rostro, oh Dios, he buscado con todo mi corazón. A mi alrededor solo hay problemas, maldad y fracasos. El único remedio está en ti. Vengo a tu presencia con gran esperanza y ánimo. Contemplo el mundo y me siento muy decepcionado, pero cuando fijo la vista en tu rostro hallo verdadero descanso para mi alma. Solo en ti radica cualquier esperanza para la humanidad. Amén.

Cuando se abrió la puerta en los cielos, reveló el trono y a Aquel que estaba sentado sobre él. También mostró un arcoíris que rodeaba el trono, y a su alrededor había 24 ancianos. Ante el trono estaban los cuatro seres vivientes. Fulguraban los relámpagos y se oían truenos, y en medio de todo resonaba la adoración de toda la creación, cuando los seres vivientes, que representan a la creación no caída, y los ancianos, representantes de la creación redimida, se unieron para alabar al Señor. Aunque la escena no cambia, Juan también vio y puso por escrito que allí tienen lugar sucesos poderosos.

Juan seguía atisbando por aquella puerta abierta el trono y todas sus maravillas cuando también vio las obras poderosas que se hacían delante del trono, esos actos universales, impresionantes, cósmicos, que son poderosos en su alcance y su poder.

Juan miró por esa puerta abierta para ver el cielo, y más tarde escribió: "Y vi en la mano derecha del que estaba sentado en el trono un libro escrito por dentro y por fuera, sellado con siete sellos" (Ap. 5:1). Aquel rollo estaba tan lleno que estaba escrito por dentro y por fuera, de modo que era el doble de largo que un rollo normal.

El título de propiedad del mundo

Muchos de los que han intentando explicar ese rollo han tropezado haciendo que otros también tropezasen. Este es el resultado de un frío análisis literario: es decir, intentar interpretar las Escrituras, sobre todo las profecías, desde un punto de vista meramente intelectual. Alguien dijo: "Este libro fue escrito llorando, y solo puede interpretarse llorando". Seguramente esto se acerca mucho a lo único que puedo decir sobre esa escena. Dentro del contexto de lo que veía Juan, he llegado a la conclusión de que ese rollo era el título de propiedad del mundo. En este momento la Iglesia ha sido arrebatada y está con el Señor.

¿Quién tiene derecho a ese título?

Vemos a los ancianos, que representan a todos los redimidos; y a las criaturas, que representan a todos los no caídos. Y ahora vamos a contestar de una vez por todas una pregunta tremenda: ¿de quién es el mundo? Hay que responder a esta pregunta porque hubo un día oscuro y terrible en que se discutió el derecho que tiene Dios al mundo, y se puso en tela de juicio la propiedad del planeta. Satanás y sus huestes reclamaron el mundo, y desde entonces están luchando por él. Las palabras que dijo Satanás a Cristo en el desierto indican que pensaba que tenía derecho al título de propiedad del mundo: "Otra vez le llevó el diablo a un monte muy alto, y le mostró todos los reinos del mundo y la gloria de ellos, y le dijo: Todo esto te daré, si postrado me adorares" (Mt. 4:8-9).

La gran pregunta detrás de ese episodio es: ¿quién es el verdadero dueño del mundo? Toda la crónica de la historia ha intentado responder a esta pregunta básica. Muchos de los que aspiraban a esa posición han causado estragos a través de los siglos.

Algunos han dicho que los grandes pensadores del mundo son sus dueños. Son los filósofos, los intelectuales, la gente que habitualmente vive en las alturas del pensamiento filosófico a las que raras veces llega el común de los mortales. Algunos solo alcanzan ese estado durante unos minutos, y luego lo abandonan durante el resto de sus vidas. Prueban un poquito las alturas, y luego dicen: "No pienso volver a leer este libro". Ha habido grandes filósofos, grandes pensadores y grandes inventores que, durante un periodo de tiempo, pensaron que eran los dueños del mundo.

El libro de Eclesiastés fue escrito por un gran pensador que, a medida que pasaban los años, estaba cada vez más desanimado. Dijo: "Porque en la mucha sabiduría hay mucha molestia; y quien añade ciencia, añade dolor" (Ec. 1:18). Es triste decirlo, pero muchos individuos nunca han experimentado personalmente este tipo de tristeza.

Algunos señalarían a un obrero, diciendo que el hombre que trabaja es quien es el dueño del mundo. "¡Trabajadores del mundo, alzaos! No tenéis otra cosa que perder que vuestras cadenas", dijeron a principios del siglo XX. Por consiguiente, decían que el proletariado poseía el mundo.

Otros creen que el mundo es de quien puede conquistarlo. Hubo hombres como Hitler que tuvieron la idea equivocada de que el mundo pertenecía a quien pudiera conquistarlo, es decir, a sí mismo. Lo intentó, y la historia nos cuenta qué pasó. Cuando un Hitler sucumbe a lo inevitable, parece que surge otro que ocupa su lugar. En este sentido, la historia se repite hasta el hastío.

Por supuesto, tenemos a los estadistas que han afirmado ser los propietarios del mundo. Toda nación ha tenido a un gran estadista, porque no podrían ser una nación sin que una persona así la estableciera. Da lo mismo si es un país grande o pequeño: es necesario tener a alguien a quien considerar el padre de esa nación.

Muy asociados con los estadistas hallamos a los políticos que, para demostrar que son los dueños del mundo, emprenden guerras para conquistar partes de este. Ninguna guerra sería posible sin que mediasen los acuerdos que los políticos de todos los siglos toman sin que nadie les vea. Si nosotros, el pueblo llano, supiéramos qué sucede tras ciertas puertas cerradas, cosas que llevan a una guerra, nos quedaríamos conmocionados.

Luego tenemos a los científicos. Creo que resulta cínico y preocupante que los científicos se hayan convertido en los sumos sacerdotes del gran dios de la ciencia en estos últimos tiempos. Los hombres cultivados y los científicos trabajan pensando, erróneamente, que podrían controlar el mundo. Unos científicos logran sanar una enfermedad, mientras otros científicos, igual de reputados y honorables, inventan maneras para destruir al mayor número de personas en el menor tiempo posible. Podría seguir citando a los pintores, los poetas, los soñadores y artistas del mundo. Todos, basándose en su propio derecho, han afirmado ser los dueños del mundo.

Siempre me ha parecido bastante estúpido que el hombre con el puño más grande tenga derecho a todo. En un aparcamiento hay un vehículo. Se acercan dos hombres, uno pequeño y el otro grandullón, y alguien pregunta: "¿De quién es el coche?". El pequeño dice: "Es mío", y el grandullón responde: "No, es mío". Por consiguiente, deciden descubrir de quién es el coche mediante una pelea, y el tipo que tiene los puños más grandes dice: "Es mío". No han demostrado de quién era el coche, solo quién pegaba más fuerte.

Parece ser que con los países pasa lo mismo. Cuando empiezan una guerra, no demuestran nada. Lo único que evidencian es quién puede combatir más tiempo y mejor, y resistir más.

El dueño indiscutible del título de propiedad

Cuando los tentáculos del infierno se vean obligados a soltar el mundo y este sea devuelto a su verdadero dueño, no habrá más engaños. Nadie hará ninguna trampa, y nadie discutirá. No habrá ninguna necesidad de discutir. Nadie intimidará a otros, y nadie mentirá, porque estará frente al rostro de Dios, que reconoce una mentira en cuanto la escucha, y no será necesario el uso de la fuerza. Después de todo alguien determinará quién es el dueño del mundo. El reinado de Cristo es el imperativo divino.

Lo que Juan señala aquí en Apocalipsis 5 es que Aquel que gobierna el mundo es *digno* de gobernarlo. Juan miró alrededor en busca de alguien que pudiera reclamar ese gobierno y decir: "Esto es mío, y tengo derecho a ello. Tengo el derecho de soltar los tentáculos infernales que sujetan el mundo, porque no les pertenece". Ningún ser vivo, ninguna criatura de cuatro rostros, ningún arcángel con sus grandes alas extendidas, ni querubines, ni serafines, ni otra criatura que no sea humana tenía derecho a este mundo.

Por derecho, la Tierra pertenece a la humanidad, porque estamos hechos a imagen de Dios, y este es nuestro patio de juegos, nuestro patio trasero y delantero, nuestro prado. El mundo es el lugar donde jugamos, trabajamos, vivimos y morimos, pero nos lo han arrebatado. Aquel que lo gobierne debe mantener con él la relación adecuada. Aquel que sea digno de gobernarlo tendrá que ser, antes que nada, de la simiente de Abraham.

Tenía que haber alguien con el carácter lo bastante bueno como para querer hacerlo, con la sabiduría necesaria para saber cómo hacerlo y con la santidad, pureza y poder necesarios para ello. Nadie estaba a la altura, y eso que lo buscaron por todas partes. Cuando el rollo se convierte en el punto focal, solo el propietario podía abrirlo: "Y vi a un ángel fuerte que pregonaba a gran voz: ¿Quién es digno de abrir el libro y desatar sus sellos?" (Ap. 5:2). ¡Vaya búsqueda más tremenda debió ser aquella!

Pero no se encontró a ningún hombre sobre la tierra o debajo de ella que fuera digno. Juan lo vio, y fue demasiado para él: "y lloraba yo mucho" (v. 4). Siendo un hombre sensible, Juan lloró mucho porque no se había encontrado a un hombre digno de abrir y leer el rollo. Para ello, uno debía cumplir una serie de requisitos. Debía tener autoridad.

La autoridad de Cristo revelada al corazón humano sintonizado con el suyo

Juan era un hombre que llevaba en su corazón la tristeza de la raza humana. Como Dios llevaba en su corazón la tristeza de la humanidad, la envió y manifestó por medio del ángel a su siervo Juan. Dios siempre habla al hombre comprometido, nunca al hombre indiferente. Por eso la enseñanza profética se descarrió hace más de una generación. Eran demasiados los indiferentes. Sentían una simple curiosidad, y estudiaron y enseñaron basándose en otros motivos que no eran un interés genuino.

Dios siempre bendice al hombre que tiene los ojos llenos de lágrimas, y siempre ofrece información al hombre que siente pesar en su corazón. Si tienes una pena en tu corazón y acudes a Dios de rodillas, obtendrás más información relevante de la que te puedan enseñar en ningún seminario. Yo creo en la educación, pero digo que obtendremos más información con un corazón quebrantado. Dios revelará cosas a un hombre con un corazón quebrantado, pero no le revelará cosas a aquel cuyo corazón no lo esté. Intentar conocer las cosas de Dios, contemplar los misterios divinos y traspasar el velo sin tener lágrimas en los ojos y carga en el corazón es vanidad y futilidad multiplicadas por cien.

Juan escribió: "Y lloraba yo mucho, porque no se había hallado a ninguno digno de abrir el libro, ni de leerlo, ni de mirarlo" (v. 4). Ese no fue el final de la historia. En medio del llanto de Juan, uno de los ancianos se le acercó y le dijo: "No llores. He aquí que el León de la tribu de Judá, la raíz de David, ha vencido para abrir el libro y desatar sus siete sellos" (v. 5). Encontraron a un hombre; un hombre prevaleció y fue digno de reclamar el título de propiedad del mundo.

Nuestra esperanza es que hay alguien que vendrá de nuevo, y tomará el libro, romperá los sellos y reclamará el mundo. Eliminará el poder sobre el mundo que tiene Satanás, algo que no le corresponde por derecho, y lo dará a aquellas manos que una vez fueron crucificadas por la humanidad.

Podemos percibir la angustia de las naciones. Se ofrecen cien remedios, pero ninguno funciona. Los cristianos tienen la única esperanza verdadera: es el mensaje relativo a Aquel que es digno, el Señor Jesucristo.

Digno es el Cordero
Johnson Oatman, Jr. (1856-1922)

"Digno es el Cordero", cantan huestes celestiales,
cuando ante el trono resuenan sus alabanzas;
"Digno es el Cordero de abrir el libro,
digno es el Cordero que fue crucificado".

Digno es el Cordero, que vertió su preciosa sangre
para restaurar a un mundo el gozo y a su Dios;
cuando ningún ojo se apiadaba y ningún brazo salvaba,
Jesús, como rescate, por nosotros se entregó.

Digno es el Cordero, el sacrificio cruento
que por la raza de Adán un precio tan alto pagó;
digno es el Cordero, Cordero pascual de Dios,
pues por su sangre redención recibe el mundo.

"Digno es el Cordero", canten ángeles y hombres;
"Digno es el Cordero", resuenen los aleluyas;
y cuando acabe la vida, allá en la orilla dorada,
"Digno es el Cordero", clamaremos por siempre jamás.

¡Oh, este Cordero sangrante! ¡Oh, Cordero malherido!
¡Oh, Cordero moribundo, que fuiste hallado digno!
¡Oh, este Cordero sangrante! ¡Oh, Cordero malherido!
¡Oh, Cordero moribundo, que fuiste hallado digno!

10

LA NATURALEZA DE LA BENDITA ESPERANZA

*¡Oh, Dios!, mi voz se une a la creciente alabanza que rodea el
trono en el que el Cordero es declarado digno. Ya no lloro, porque
has vencido. Eres digno, ¡oh, Cordero!, de recibir la gloria, la
honra y la alabanza, porque has conquistado y conquistarás.
Me uno a los veinticuatro ancianos cuando se postran sobre sus
rostros y te adoran, a ti que vives por los siglos de los siglos. Amén.*

Una imagen enraizada en el Antiguo Testamento es la del
león, el símbolo de Judá, una de las doce tribus de Israel y la
que gobernaba la nación. Judá era la fuente de valor y fortaleza,
poder, dominio y gobierno. Y de Judá salieron los reyes, David y
Salomón, linaje que culminó en el Rey de reyes y Señor de señores, Jesucristo. "No será quitado el cetro de Judá, ni el legislador
de entre sus pies, hasta que venga Siloh; y a él se congregarán los
pueblos", dijo el Señor (Gn. 49:10).

Aquí, en Apocalipsis 5, vemos a Jesucristo como el León de la
tribu de Judá. Fíjate en este león, de un color dorado oscuro a la
luz de la luna. Este gran león salvaje, con la cabeza bien erguida
y unos ojos que escudriñan la llanura, tras lo cual baja la cabeza
y ruge su desafío al mundo. Todas las pequeñas criaturas sienten miedo; algunas huyen presas de pánico, otras se contraen y
otras se quedan inmóviles entre las hojas, con la esperanza de
que el león pase sin verlas. Este poderoso León de la tribu de
Judá simboliza a Cristo Jesús el Señor, y Él ha vencido. Este es el

clamor de triunfo del Nuevo Testamento: que Él ha prevalecido para abrir el rollo.

Cuando Juan el Revelador les oyó decir: "He aquí que el León de la tribu de Judá, la raíz de David, ha vencido para abrir el libro y desatar sus siete sellos", sin duda esperaba ver a un gran león de color tostado con la cabeza bien alta y una cola moviéndose nerviosa de un lado a otro en medio de la oscuridad. Pero cuando se giró con la idea de ver al león, Juan dice: "Y miré, y vi que en medio del trono y de los cuatro seres vivientes, y en medio de los ancianos, estaba en pie un Cordero como inmolado, que tenía siete cuernos, y siete ojos, los cuales son los siete espíritus de Dios enviados por toda la tierra" (Ap. 5:6).

Como un león vence usando los dientes y las garras, Juan se volvió asustado, anticipando la visión de un león, pero en cambio se encontró con un Cordero. Se volvió para ver que el León/Cordero había prevalecido para tomar el rollo (el título de propiedad del mundo) de la mano del gran Dios todopoderoso.

Los caminos de Dios sobrepasan todo entendimiento

Los caminos de Dios y de los hombres no son idénticos. Sobre la Tierra, el león es más fuerte que el cordero; pero en el reino de Dios y delante del rostro de Dios, el Cordero es más fuerte que el León. Y allí había alguien que era ambas cosas.

Cuando Juan el Bautista vio a Jesús, dijo: "He aquí el Cordero de Dios..." (Jn. 1:29). Cuando Juan el Revelador vio a Jesús, le vio como Cordero. Pero Él es tanto León como Cordero. A menos que sepamos esto, no somos cristianos en el verdadero sentido de la palabra, y no somos cristianos bien enseñados, como deberíamos serlo.

Los cristianos solían hablar de Jesús como el León, y se gozaban mucho pensando que era conquistador y vencedor. Pero nosotros hemos llegado a pensar en Él solo como Cordero. Bajo nuestra forma de pensar, o es el Cordero o es el León, pero no puede ser ambas cosas. Desde el punto de vista del reino celestial, es tanto León como Cordero. Ten en cuenta que lo que hará el León es siempre el resultado de lo que hizo el Cordero.

En este sentido, la redención del mundo está totalmente fuera de las capacidades humanas. Afortunadamente, la redención se llevó a cabo según hace Dios las cosas, no como las hace el ser humano. Si el hombre pudiera hacer lo que desea, el plan de la redención sería un conflicto interminable y cruento. En realidad, Jesús compró la salvación no usando sus puños, sino sus manos traspasadas por clavos; no con músculos, sino con amor; no mediante la venganza, sino el perdón; no por la fuerza, sino mediante un sacrificio. Jesucristo nuestro Señor se entregó para que pudiésemos vencer; destruyó a sus enemigos al morir por ellos, y venció a la muerte permitiendo que ella le venciera.

Así no es como las personas hacemos las cosas. Vemos que, empezando con Caín y Abel (ver Gn. 4), el hombre ha impuesto su voluntad mediante el dominio físico. El hombre que golpea con más fuerza se lleva el premio, el trofeo. Así es como obra el ser humano. Pero Dios dice: "No me pondré en manos humanas". La obra total de la redención debe hacerse como se hacen las cosas en el cielo. Hay dos reinos, el reino de los cielos y el reino del hombre. En el reino del hombre, lo que cuentan son los nudillos y los músculos, junto con la venganza y el odio. En el cielo, es el amor y el sacrificio. Dar por amor es un acto más poderoso que todos los ejércitos del mundo.

Cuando los discípulos pidieron a Jesús que les enseñara a orar, en esa oración incluyó esta idea de la autoridad del reino. "Y les dijo: Cuando oréis, decid: Padre nuestro que estás en los cielos, santificado sea tu nombre. Venga tu reino. Hágase tu voluntad, como en el cielo, así también en la tierra" (Lc. 11:2). La esencia de la oración estriba en hacer que el reino de los cielos influya en los asuntos de este mundo. El principio de esto radica en la salvación del hombre. Esa salvación no tiene raíces en la Tierra, sino en el reino de los cielos.

Ahora sabemos la verdad. En Apocalipsis 5, no tratamos solamente con Israel; no tratamos solo con la Iglesia; no tratamos solamente con las naciones del mundo, sino que tratamos con todo el universo creado. Todo el universo está sujeto a escrutinio, y está a la espera de saber quién es el elegido, y cómo puede ser que este sea capaz y digno de ostentar el lugar de gobierno sobre el mundo.

Este universo confuso descubre que el pecado ha entrado en el mundo y que lo ha distorsionado todo, confundiendo a la humanidad hasta tal punto que los seres humanos piensan al revés. De una cosa puedes estar totalmente seguro: un hombre inconverso que piensa en la religión siempre se equivoca. La vida del hombre está siempre al revés, y un cristiano debe estar constantemente corrigiendo su propio corazón y traduciendo lo que oye al idioma del cielo, de modo que no se deje arrastrar por el mundo. El hombre ha aprendido los caminos del león, y esos caminos son los que prevalecen.

La historia del mundo es la de una humanidad empapada en sangre, como el camino nocturno del león. Somos lo que somos y tenemos lo que tenemos porque alguien con un gran puño y unos músculos potentes, una larga espada y una maza pesada o un gran cañón pudo conseguirlo y conservarlo para nosotros. La cuestión de la justicia apenas sale a colación. Los poderosos vencen y gobiernan a los débiles. Los hombres vencen al derramar la sangre de sus enemigos.

El Cordero prevalece

¡Qué extraño que Dios hiciera algo tan maravilloso, que se opusiera a los caminos de la humanidad! El hombre ha aprendido el camino del león, el poder de las armas, lo que hacen las cárceles, cómo marchan los ejércitos, y cómo arrojar bombas. Ha aprendido los efectos de la fuerza y lo egoístas que se vuelven las personas cuando siguen su propio camino por el mundo. Entonces llega el gran Dios todopoderoso y hace una cosa impresionante.

Cristo venció al derramar su propia sangre. Fue la primera vez en la historia del mundo que se pensaba algo así, y nunca ha vuelto a repetirse. Cuando el hombre conquista, siempre lo hace derramando la sangre de otros, pero sin duda nunca la suya propia. Cristo venció al derramar su propia sangre. Allí estaba el Cordero que se convirtió en León al derramar su propia sangre, entregándose a la muerte por la humanidad.

Ahora está en medio del trono, y Dios tiene un mensaje para todo el universo. Tiene un mensaje para ese mundo donde hombres con poder se golpean el pecho, donde el león es rey y el camino al trono siempre está manchado de sangre. Dios declara: "Yo hago las cosas como las hago, y no tengo en cuenta el músculo humano, sus puños y sus coyunturas. No dependo de la hermosura de las mujeres, la fortaleza de los hombres o la inteligencia de nadie. Lo hago a mi manera".

"Porque mis pensamientos no son vuestros pensamientos, ni vuestros caminos mis caminos, dijo Jehová. Como son más altos los cielos que la tierra, así son mis caminos más altos que vuestros caminos, y mis pensamientos más que vuestros pensamientos" (Is. 55:8-9). Por lo tanto, Jesucristo descendió y conquistó el mundo al morir como Cordero, haciéndose digno de ser el León, de gobernar el mundo al morir como Cordero por los pecados de la humanidad.

El Cordero conquista, pero llega el día en que sea el León el que salga a conquistar el mundo. Todo empieza en Apocalipsis 6, cuando se abren los primeros sellos y empieza a liberarse el tremendo poder, cuando el Señor Jesucristo limpia el mundo y establece su reino. Sin embargo, si puede hacerlo es solamente porque antes fue el Cordero. Si no hubiera estado dispuesto a ser el Cordero, el León nunca lo habría conseguido.

El diablo, pensando que Jesús había adoptado la filosofía de Adán, le llevó a un monte alto y le dijo: "¿Ves todos los reinos del mundo? Son todos míos, y puedo hacer con ellos lo que quiera. Te los daré si te pones de rodillas y me adoras" (ver Mt. 4:8-10). Pensaba que Jesús iba a ceder, que saldría a conquistar el mundo y hacerse con sus reinos, o entrar en Jerusalén con una corona en la cabeza y ascender al trono real, blandiendo el cetro sobre los reinos del mundo. Jesús citó un versículo de las Escrituras y mandó al diablo a paseo. Jesús caminó por el mundo con calma, con un rostro afirmado como el pedernal, para morir como un Cordero.

Ahora le vemos ante el trono, sentado sobre él, rodeado por las criaturas y los ancianos, llevando la insignia de la autoridad universal, no sobre la melena de un león, sino sobre la cabeza del Cordero. Los cuernos representan el poder, y los ojos del Espíritu séptuple representan todo conocimiento y toda sabiduría. Está preparado para tomar el control.

Por eso seguir a Cristo es tan fácil como difícil. Es difícil porque los caminos de Dios y los del mundo son diferentes. El hombre tiene sus filosofías, técnicas y metodologías, y está directamente en contra de los caminos de Dios. Es fácil porque Jesucristo ha prevalecido y es digno de gobernar desde el trono. Si servimos a Dios según hacen los hombres será un desastre, y esa es la condición de muchos cristianos hoy día. Intentamos servir a Dios siguiendo caminos humanos, en lugar de servirle siguiendo sus caminos. Servimos a Dios con la técnica del león, en lugar de a la manera del Cordero.

Aquel que toma el rollo es digno de conquistar y gobernar porque murió; y pudo vencer porque se entregó. Pudo tener el dominio porque renunció a él. Se acercó y tomó el rollo de la mano derecha del que estaba sentado en el trono. Todo el mundo comprendió lo que significaba eso. Ahí está el que prevaleció. Buscaron en los cielos y la Tierra, y en el infierno, pero no hallaron a nadie; pero justo delante del trono, a la vista de todos, está Aquel que prevaleció y tomó el rollo.

Tu santo nombre alabaré
Charles Wesley (1707-1788)

Tu santo nombre alabaré,
bendito Redentor;
ni lenguas mil cantar podrán
la grandeza de tu amor.

Bendito mi Señor y Dios,
te quiero proclamar,
decir al mundo en derredor
de tu salvación sin par.

Dulce es tu nombre para mí,
pues quita mi temor;
en él encuentra paz, salud
el pobre pecador.

Sobre pecado y tentación
victoria te dará.
su sangre limpia al ser más vil.
¡Gloria a Dios, soy limpio ya!

(Trad. L. Mason)

11

EL SONIDO DE LA BENDITA ESPERANZA

*¡Oh, Padre celestial!, nuestros corazones están llenos de temores y
ansiedad cuando escuchamos el sonido del mundo que nos rodea.
¡Oh, Dios!, levanta nuestros corazones para que escuchemos el
sonido de la bendita esperanza que trae a nuestros corazones
felicidad y gozo, que nos lleva a una fase extática de adoración,
porque sabemos que nuestra redención se acerca. Amén.*

En Apocalipsis 5 vimos la emoción que reinaba en las esferas
celestiales. Presenciamos el tremendo interés, la expectación
ansiosa, el temor, la esperanza, la revelación, la reunión general
y la adoración extática. El León que se convirtió en Cordero dio
un paso al frente para recibir el rollo que contenía el título de
propiedad del mundo.

Apocalipsis 5 hablaba de la propiedad del mundo. Si sabes
algo sobre política o historia de la economía, o conoces la historia de las diversas filosofías sociales, sabrás que han ofrecido
diversas opiniones sobre este tema. El mundo pertenece a esta o
a esa clase; pero Dios, en Apocalipsis 6, nos revela ahora que el
mundo pertenece a Aquel que es digno y que, al abrir los rollos,
puede demostrar que lo es.

No pudieron encontrar a nadie en los cielos, la Tierra y el
infierno. Buscaron por todas partes, y al final apareció el Cordero. Ascendió el León de la tribu de Judá, y quienes rodeaban
el trono estallaron en una aclamación gloriosa y una adoración

desbordante y dijeron: "El Cordero que fue inmolado es digno de tomar el poder, las riquezas, la sabiduría, la fortaleza, la honra, la gloria y la alabanza" (Ap. 5:12).

Ahora se adelanta el Cordero, toma el rollo y abre uno de los sellos. La poderosa criatura sentada en medio del trono, llena de ojos y con una voz como el trueno, dice: "Ven y mira" (Ap. 6:1). Y Juan vio a los cuatro jinetes que aguardaban. Había llegado la hora de que comenzasen a galopar. Esos cuatro caballos mordían el freno, y los cuatro jinetes esperaban el momento de partir, pero tuvieron que esperar la ocasión adecuada.

Una generación tras otra de cristianos ha escrito que el Señor iba a venir en un momento concreto, y lo creyeron; cuando no vino se sintieron decepcionados, y algunos se apartaron de la fe y dijeron: "Si no ha venido es que no vendrá". Incluso en la época de Pedro tuvieron que abordar este tema: "¿Dónde está la promesa de su advenimiento? Porque desde el día en que los padres durmieron, todas las cosas permanecen así como desde el principio de la creación" (2 P. 3:4).

El ser humano no tiene la paciencia o la fortaleza para esperar, pero Dios sí. Tiene toda la eternidad para cumplir sus propósitos. Por consiguiente, toda la creación espera que el Creador actúe.

Los cuatro jinetes

Pero ¿quiénes son esos jinetes? ¿Cuál es su propósito? ¿Cómo encajan en la bendita esperanza? Examinémoslos por turno.

El jinete del caballo blanco

Algunos dicen que el jinete del caballo blanco en Apocalipsis 6:2 es Jesucristo. Puedo entender que esto a primera vista parezca plausible, pero dentro del contexto no entiendo que pueda serlo. Este caballo blanco lleva a lomos al anticristo, que viene a conquistar mediante el engaño. Esta es la dinámica de su influencia. Cuando el anticristo pretende salirse con la suya, dice: "Tienes que amar a todo el mundo". Cuando estás ocupado queriendo a todos, te roban hasta la camisa. Mientras estás ocupado amando a alguien, conquistan y dirigen el mundo. Siempre que alguien defienda la necesidad de una "coexistencia", ponte en guardia; intentan dormirte para tomar el control.

Los liberales y los incrédulos dicen: "Unidad, hermandad y amor para todos: el Hombre del amor vino al mundo en Navidad entre campanitas de felicidad, alegría y fiestas. ¡Amémonos todos!". Y mientras estás ocupado amando a todo el mundo, ellos están enseñando a tus jóvenes cosas como que Moisés no escribió el Pentateuco; que Dios no creó los cielos y la Tierra; que no existieron Adán y Eva; que no hubo caída del hombre; que Moisés no condujo a Israel al otro lado del Mar Rojo; que la historia de Jonás y el gran pez es un mito; que Cristo nunca resucitó de los muertos; que no nació de la virgen María, sino que era el hijo de un soldado germánico. Podrías decir que esto huele a blasfemia. Bueno, es que lo es, y los hombres lo enseñan desde el púlpito en el nombre de "amaos unos a otros y saludaos con ósculo santo".

Esta duplicidad es la señal distintiva del anticristo. Al usar la técnica más moderna, el condicionamiento psicológico, la publicidad con su astuta parafernalia propagandística, la prosperidad económica, la seguridad financiera, la aceptación social y la promesa de la paz, el anticristo aferra al mundo en una presa letal.

El jinete del caballo rojo

Justo después de esta paz y prosperidad falsas, de esta hermandad y unidad, de esa religión única y esa seguridad, tolerancia y todas las demás cosas, en Apocalipsis 6:3-4 llega el caballo rojo, que representa la guerra. El anticristo no puede evitar que los hombres luchen; de hecho, su plan es exactamente lo contrario, de modo que, pisándole los talones a la paz del caballo blanco, llega la guerra.

Cuando Mussolini llegó al poder, sacó a Italia de una economía que estaba en las últimas; con él, todo el mundo llevaba dinero en el bolsillo. Entonces empezó sus guerras. Cuando Hitler llegó al poder, sucedió lo mismo, y siempre pasa igual, porque la historia se repite a sí misma. Siempre se nos ha dicho que la única manera de obtener la prosperidad es mediante la guerra. Esta es la trampa del anticristo venidero.

El mundo vive sobre un fundamento bélico, y lo que nos proporciona la prosperidad económica de la que disfrutamos ahora son los miles de millones de dólares que invertimos en las guerras por todo el mundo, y para mantener a nuestros soldados, marineros y pilotos. El anticristo descubrirá cómo usar esto para sus propósitos. Quien controle la economía controlará el mundo.

El jinete del caballo negro

Inmediatamente después del caballo rojo, que es la guerra, en Apocalipsis 6:5-6 llega el caballo negro, que representa el hambre. Todo el mundo sabe que tras una guerra llega la hambruna. La guerra crea una dislocación de las cosas, imponiendo largas temporadas en las que los granjeros no cosechan. Los hombres que crían ganado dejan de hacerlo, quienes producen alimentos no pueden hacerlo, y las fábricas se cierran o funcionan a un ritmo muy lento. Pronto las multitudes desplazadas de todo el mundo empiezan a pasar hambre, y tenemos una hambruna. La guerra es la causa principal de la hambruna.

El jinete del caballo amarillo

Al jinete del cuarto caballo de Apocalipsis 6:7-8 se le llama Muerte. La parte más espantosa es que el infierno cabalga tras la guerra, provocando una guerra bacteriológica y catástrofes naturales, junto con pestilencias y hambrunas. No veo ningún motivo válido para que digamos: "¡Anímate, mundo! A pesar de todo lo que nos venga encima, saldremos adelante". Mientras oiga cómo esos caballos muerden sus frenos y vea sobre sus lomos a esas criaturas simbólicas, no puedo pensar que todo irá bien.

Hoy día el mundo contiene la respiración. El estadista clama por una paz justa y duradera, prosperidad, respeto para las naciones y demás. Se jacta diciendo: "Después de todo, somos una nación amante de la paz". Sin duda que ningún hombre en sus cabales quiere vivir una guerra; sin embargo, los hombres quieren cosas que crean la guerra. Nadie quiere ir al infierno, pero queremos vivir de una manera que al final acabará llevándonos a él. Nadie quiere ir a la cárcel, pero las personas quieren hacer cosas que las llevan a prisión. No hay un solo país en el mundo que desee una guerra. Sin embargo, hacen cosas que al final les conducen a ella.

El peligro de los tiempos

Aquí vemos a los cuatro caballos mordiendo el freno, esperando, y el mundo no lo sabe. Solo aquellos cuyos ojos, oídos y corazones ha tocado Dios pueden conocer el peligro de los tiempos. Mientras estos jinetes aguardan, los hombres incumplen las leyes santas de Dios. Los científicos intentan descubrir los secretos de Dios mientras, al mismo tiempo, ignoran o niegan al Dios de los secretos. Los políticos anhelan el poder, y acaban creando la atmósfera propicia para la guerra.

"Ahora, pues, oh reyes, sed prudentes; admitid amonestación, jueces de la tierra" (Sal. 2:10). El pueblo llano no sabe lo que han hecho los científicos y los políticos. Por lo tanto, el pueblo llano se contenta con buscar el placer, la opulencia malcriada, la comodidad, la diversión y el entretenimiento. El ciudadano de a pie tiene tanto que no sabe qué hacer con ello, y cada semana tira tantas cosas a la basura que podrían alimentar a miles de familias en otras partes del mundo. Mientras el resto del mundo se hace pedazos, gastamos miles de millones en diversiones.

Lo importante no es si estás de acuerdo con todas las cosas que he dicho. Pero sí debes estarlo con las ideas principales. Jesús advirtió que se levantaría una nación contra otra, y que habría guerras por todo el mundo, y que los malos se volverían peores hasta el final, y que el amor se enfriaría. La Iglesia cederá terreno y se volverá peligrosa. No lo podemos negar, y no hay otra interpretación posible. Quizá tengamos opiniones distintas sobre los detalles y los símbolos; pero por lo que respecta a la verdad principal, no hay manera de eludirla. Pronto en este mundo cabalgarán el caballo blanco, el rojo, el negro y el amarillo. Entonces en los cielos, la Tierra y el infierno sabrán que este mundo no pertenece a los hombres, sino a Jesucristo, el hombre que, con su sangre, compró la salvación del planeta.

Si puedes imaginar eso, no puedes seguir viviendo en paz y en una opulencia despreocupada, sin recordar siquiera orar por este pobre planeta moribundo. No sé cómo podrías estar listo para el momento en que nuestro Señor llame a su pueblo a estar con Él. Creo que debemos pasar tiempo en oración, esperando delante de Dios, buscándole. Creo que deberíamos abandonar ciertas cosas que hacemos que son perfectamente normales y correctas, y que aunque no son perjudiciales nos impiden orar. Deberíamos abandonarlas para pasar más tiempo arrodillados delante de nuestro Dios.

Ruego a Dios que nos ayude y que no nos quedemos atrapados en ese peligro. Ruega que seas digno de escapar de tales cosas y estar en la presencia del Hijo del Hombre. Ruego por mí mismo. Quiero ser un cristiano más serio de lo que lo he sido en toda mi vida. Por mi parte, quiero estar más despegado de este mundo de lo que lo haya estado jamás. Quiero estar más preparado que nunca para el cielo; quiero conocer la voz del enemigo, ya sea que provenga de la religión, la política o la filosofía. Quiero saber cuándo escucho la voz suave y apaciguadora del anticristo, que me prepara psicológicamente para tomar el control. Quiero saberlo, y prefiero plantarme y tener a todo el mundo en contra que correr con la multitud hacia la destrucción.

Hay un pasaje en el libro de Amós que siempre me ha inquietado:

> ¡Ay de los reposados en Sion, y de los confiados en el monte de Samaria, los notables y principales entre las naciones, a los cuales acude la casa de Israel! Pasad a Calne, y mirad; y de allí id a la gran Hamat; descended luego a Gat de los filisteos; ved si son aquellos reinos mejores que estos reinos, si su extensión es mayor que la vuestra, oh vosotros que dilatáis el día malo, y acercáis la silla de iniquidad. Duermen en camas de marfil, y reposan sobre sus lechos; y comen los corderos del rebaño, y los novillos de en medio del engordadero; gorjean al son de la flauta, e inventan instrumentos musicales, como David; beben vino en tazones, y se ungen con los ungüentos más preciosos; y no se afligen por el quebrantamiento de José. Por tanto, ahora irán a la cabeza de los que van a cautividad, y se acercará el duelo de los que se entregan a los placeres (Am. 6:1-7).

Cuando el sonido de la bendita esperanza está a punto de resonar a nuestro alrededor, debería emocionarnos esa perspectiva. A lo largo de la historia, los hombres han reclamado su propiedad del mundo y han impuesto esa pretensión a los demás. Sin embargo, esa época se está acabando rápido. Los sonidos de la bendita esperanza ya se oyen sobre las copas de los árboles

(2 S. 5:24). Sin duda que no puede demorarse mucho. No cabe duda de que el momento del regreso de Jesús está cerca. "Amén; sí, ven, Señor Jesús" (Ap. 22:20).

Cuando acabe tu vida mortal
Samuel Francis Smith (1808-1895)

Cuando acabe tu vida mortal,
cuando se ciernan sobre ti las tinieblas de la muerte,
cuando tu carrera haya concluido,
pecador, ¿adónde irás?

Cuando el mundo ya haya pasado,
y se acerque el día del juicio final,
cuando suene la temible trompeta,
dime, ¡oh!, ¿adónde irás?

Cuando venga el Juez luminoso,
revestido de poder y majestad,
y los malvados tiemblen de miedo,
¿adónde, oh, adónde irás?

¿Qué calmará tu corazón angustiado
cuando de los santos te debas apartar,
cuando los buenos con gozo sean coronados?
Pecador, ¿dónde te hallarás?

Mientras el Espíritu Santo está cerca
vuela raudo al Salvador:
entonces gozará la paz tu espíritu,
entonces en el cielo un día estarás.

12

EL TRIUNFO DE LA BENDITA ESPERANZA

¡Oh, Dios y Padre de nuestro Señor y Salvador Jesucristo!,
nos inclinamos ante ti sumidos en la santa expectativa de tu
aceptación por gracia. El mundo ha sido duro e incrédulo, y ha
matado cruelmente a tus santos. Sin embargo, el clamor de esos
amados santos bajo el altar ha llegado a tus oídos. Pronto vengarás
la sangre de esos santos, y glorificarás tu bendito nombre. Amén.

La rotura del primero de los cuatro sellos trae mucha devastación al mundo. Si no fuera por el León de la tribu de Judá, que es el único digno de abrir el libro, el título de propiedad del mundo, sin duda todo estaría perdido.

Tras la apertura del quinto sello, en Apocalipsis 6, Juan ve un altar. Este altar, ¿está en la Tierra o en el cielo? Algunos dicen que en la Tierra, porque es una escena terrenal. Deja que llame tu atención sobre un detalle en el libro de Apocalipsis. Todo el libro cambia sin cesar, como si Dios jugase con un foco tremendamente potente. Primero el cielo, luego el mundo, luego el cielo de nuevo y otra vez la Tierra, y sigue saltando entre esos dos lugares, hasta el punto de que son necesarias una lectura y una exégesis muy cuidadosas para saber si algo está en el cielo o en la Tierra.

Yo interpreto que ese altar está en los cielos. No se parece a ningún altar de los que tenemos en el mundo. "Vi bajo el altar", testifica Juan, "las almas de los que habían sido muertos por causa de la palabra de Dios y por el testimonio que tenían"

(Ap. 6:9). Esas almas aguardan bajo el altar, y obviamente se les acaba la paciencia, porque claman: "¿Hasta cuándo, Señor, santo y verdadero, no juzgas y vengas nuestra sangre en los que moran en la tierra?" (v. 10). Ciertamente, entendemos los gritos de quienes fueron asesinados. Dios les consuela y les asegura que aún quedan más personas que añadir a su número. Dios tiene el control, y todas las cosas están en sus santas manos.

Las oraciones de los mártires

Aquí vemos las almas de los mártires, desde el santo Esteban hasta el último de todos, que no sabremos quién es hasta que lleguemos nosotros mismos al cielo. Mi pregunta es: ¿por qué no se sabía nada de ellos? ¿Por qué no se ha oído hablar de esos mártires antes de este punto de la historia? El motivo es muy sencillo: el libro no se había abierto. Nadie era digno de abrir el libro hasta que vino el León de la tribu de Judá y fue digno de abrir el rollo. Hasta que ese libro se abrió, los sellos estaban cerrados.

Mientras estamos vivos, Dios no siempre nos permite conocer los tiempos que ha elegido para hacer las cosas y, aparentemente, tampoco será así después de la muerte, porque aquellas personas estaban muertas. El hecho de que la sangre de los santos martirizados, ofendidos o asesinados clame de la tierra, y que sus almas clamen desde debajo del altar, es un pensamiento solemne. La historia siempre es caótica, pero Dios conoce las omisiones y dónde está cada persona. Sabe dónde se encuentran los huesos y el polvo de los santos. El Dios omnisciente lo sabe todo.

¿Qué oran pidiendo esas almas que están bajo el altar? ¿Y cuándo se responderá a esas oraciones? Cuando Jesús estuvo con sus discípulos, le pidieron que les enseñase a orar. Gracias a eso disponemos de lo que llamamos el Padrenuestro.

Y les dijo: Cuando oréis, decid: Padre nuestro que estás en los cielos, santificado sea tu nombre. Venga tu reino. Hágase tu voluntad, como en el cielo, así también en la tierra (Lc. 11:2).

No dudaría en afirmar que, un domingo dado, en cualquier iglesia de nuestro país, el cristiano medio recita el Padrenuestro sin tener ni idea de lo que significa esa oración. Si, por casualidad, alguna persona supiera lo que estaba orando, se quedaría conmocionada y dejaría de hacerlo de inmediato. El problema con la iglesia cristiana moderna se percibe justo aquí, en el Padrenuestro. El centro de la oración radica en la frase: "Venga tu reino. Hágase tu voluntad, como en el cielo, así también en la tierra". Pocos cristianos desean de verdad que venga el reino de Dios. Aún son menos los que quieren que la voluntad de Dios se cumpla en la Tierra como se cumple en el cielo. Si fuera así, la vida del cristiano medio tendría que alterarse radical y dramáticamente.

¿Cómo sería este mundo si se hiciera la voluntad de Dios en la Tierra como se hace en el cielo? ¿Cómo sería la vida si nadie desafiase jamás la voluntad de Dios sino que se sometiera a ella con reverencia y obediencia? Esto es lo que piden los santos. Este es el factor sobre el que se centra la Iglesia cristiana como el aspecto primario de su vida de oración y la expectativa del pronto regreso de Jesucristo. Queremos que Cristo vuelva a este mundo para que en Él se haga la voluntad de Dios que se cumple en el cielo. Eso solo pasará cuando Jesucristo vuelva. A los santos bajo el altar se les dan ropas blancas, y se les asegura que su clamor no ha pasado desapercibido. En el momento que Dios elija, responderá gloriosamente su oración.

Un hombre redimido se compone de cuatro estados. Hay un momento en que está perdido en el mundo. Carece de esperanza y de Dios en este mundo, cuyos pecados le pesan; tiene sobre sí el juicio para muerte, y está perdido. Luego cruza el umbral que le lleva al reino de Dios y se salva en la Tierra. Durante un tiempo camina por el mundo siendo salvo. Entonces, cuando ese hombre muere, espera en el cielo. Cuando el Señor regrese, será glorificado en el cielo. Esos son los cuatro estados de un hombre: perdido en la Tierra, salvado en la Tierra, esperando en el cielo, y luego glorificado.

Según parece, al Señor el cuerpo no le preocupa tanto como a nosotros. Aquí no se nos dice nada del cuerpo, pero Dios resucitará los cuerpos de los santos y de aquellos que no lo son. A todo el mundo se le devolverá su cuerpo.

El tremendo error de poner la confianza en los hombres

En Apocalipsis 6:12 leemos acerca de la ruptura del sexto sello. Esto es algo que podemos esperar, pero no sé cuándo. Muchos han intentado predecirlo y, cuando lo hacen, siempre se meten en un lío, porque el Señor nos dijo que no predijésemos. Pero puedes estar seguro de que asistiremos a un fenómeno celestial.

El sol y la luna todavía no se han visto afectados, ni las estrellas que siguen su curso, pero todo se alterará. Dios arrebatará las cosas de manos de los hombres. Tenemos el contraste entre esta imagen, y los misiles y satélites que los hombres han creado con el paso de los años. Lo mejor de la tecnología humana no es nada comparado con la maravilla del Dios todopoderoso. Sin embargo, es un error fatal poner la confianza en los hombres. Aunque veremos que el hombre ofrece la solución para el problema del ser humano, en su mayor parte el ser humano no entiende cuál es ese problema. Para muchos no es más que una oportunidad de llevarse un poco de gloria.

Hoy, los reyes de la Tierra son los políticos. Independientemente del partido político, el mundo es demasiado grande para que cualquier hombre lo lleve sobre sus hombros. Sin embargo, la mayoría de políticos habla como si hicieran eso, y siempre me ha parecido algo asombroso. Cuando empiecen a caer las estrellas, y comience a relucir la gloria, y rueguen las almas de los mártires, y Dios comience a hablar, entonces los políticos dejarán de dar discursos y clamarán para que las rocas y las montañas caigan sobre ellos (ver Ap. 6:15-17).

También tenemos a los grandes hombres, los grandes pensadores, que reflexionan y tienen grandes ideas y las ponen por obra hasta que las ideas les estallan entre las manos. También ellos pedirán que las peñas y los montes caigan sobre ellos.

Luego tenemos a los ricos, los señores de la economía. Creen que el dinero puede resolver todos los problemas. Quizá haya algunos problemas que el dinero puede resolver, pero en su mayoría los problemas del mundo no tienen una etiqueta con el precio. Quienes pretenden resolver los problemas por medio de la economía descubrirán en qué consiste la verdadera pobreza.

Los principales capitanes son los del ejército. Algunos creen que todos los problemas se pueden resolver mediante una intervención militar; de modo que todas las naciones bajo los cielos de Dios han invertido mucho dinero en operaciones militares. Si hay un problema en algún lugar del mundo, inmediatamente dan un paso al frente y se jactan de poder resolverlo mediante una intervención armada. Por cada problema que puede resolver el ejército, crea unos cuantos más.

Luego están los esclavos, quienes representan por supuesto a todo el mundo esclavizado. Esta esclavitud puede consistir en muchas cosas. Quizá aquí la referencia sea a quienes son esclavos de una ideología política.

La última categoría es la de los hombres libres, lo cual podría ser una referencia al mundo occidental y a la democracia. Creen que tienen la respuesta para solventar todos los problemas del mundo. Se jactan de su libertad y, sin embargo, a pesar de ella siguen siendo esclavos.

Todas estas personas ofrecen una solución a los problemas del mundo, pero acaban fracasando al final. Sí, hay periodos de éxito y de prosperidad, o como quieras llamarlo, pero lo realmente importante es el resultado final.

Hoy día ya han desaparecido los telones ideológicos, y ya no hay biombos de bambú ni "cortinas de hierro". Los ricos, los grandes hombres, los capitanes de barco, los reyes, los libres y los esclavos, todos claman a una y dicen: "Caed sobre nosotros, y escondednos del rostro de aquel que está sentado sobre el trono, y de la ira del Cordero" (v. 16). Al final oran, pero, ¡ay!, es demasiado tarde. Cuando todo les iba bien, usaban el nombre de Dios como maldición. Ahora, cuando las cosas se han vuelto con tanta violencia contra ellos, claman a ese Dios para que los libre de la ira del Cordero.

En las Naciones Unidas no hay lugar alguno para el nombre de Jesucristo. Tienen un lugar para todas las religiones, pero ningún lugar dedicado a Jesús, el Cordero que quita los pecados del mundo. Llegará un día en que las Naciones Unidas, donde quiera que estén en ese momento, olvidarán quiénes son y clamarán a los cielos, invocando a un Dios en quien no creían y al que no hicieron caso, y dirán: "Caed sobre nosotros, y escondednos del rostro de aquel que está sentado sobre el trono, y de la ira del Cordero; porque el gran día de su ira ha llegado".

¿Quién será capaz de sostenerse en pie?

Cuando el Cordero abre el sexto sello, Juan escribe: "porque el gran día de su ira ha llegado; ¿y quién podrá sostenerse en pie?" (Ap. 16:7). Por mucho que se jacten, los grandes de este mundo no podrán permanecer frente a la ira del Cordero.

El motivo de que estos grandes hombres sientan semejante terror es que aman su pecado. Entonces, ¿quién podrá mantenerse en pie? Solo aquellos que hayan confesado su pecado y lo hayan abandonado. Aquellos que han ignorado a sus pensadores, que han dejado de amar el mundo, que han renunciado a la esperanza de que en este mundo hay algo permanente, y aquellos que odian su pecado como lo odia Dios; aquel día esas personas permanecerán. "Por tanto", escribió David, "no se levantarán los malos en el juicio, ni los pecadores en la congregación de los justos" (Sal. 1:5). Nadie que no haya puesto su confianza en Cristo y renunciado al mundo podrá mantenerse en pie en aquel día.

¿Quién podrá sostenerse? Aquel que haya puesto su confianza en Cristo, quien haya rechazado al mundo, el que haya vencido. ¿Qué venció? Venció la tentación de abandonar. El diablo se acerca y dice: "¡Pero es que llevas sirviendo a Dios diez años, y no has tenido otra cosa que problemas! Has perdido tu empleo; tu esposa se rompió una pierna, y tu bebé ha tenido difteria. Tu coche se salió de la carretera y ha quedado para el desguace, y desde que empezaste a servir al Señor no has tenido nada más que problemas". Nos sentimos tentados a escuchar las lisonjas del diablo y decidir qué hacer. Dejamos de acudir a la reunión de oración y al cabo de poco hasta dejamos de orar.

Esa es la obra del diablo. El hombre que realmente conoce a Dios no escucha esos argumentos. Dice: "Desnudo salí del vientre de mi madre, y desnudo volveré allá" (Job 1:21). Si Dios se lleva todo lo que tengo, seguiré amándole. Le adoraré incluso si me mata. Hemos de vencer, porque el que venza podrá mantenerse en pie en aquel día tan sumamente terrible.

Esto no es más que un resumen de todas las cosas, y sin duda no he proporcionado todos los detalles. Pero quiero plantearte una pregunta: ¿quién permanecerá? ¿Te encuentras entre ellos? Si no es así, más te valdría no haber nacido. Sin embargo, ¡es tan fácil convertirse en uno de los que permanecerán! Debemos alejarnos de nuestros malos caminos, volvernos a Jesucristo nuestro Señor y convertirnos en uno de aquellos protegidos y escudados por los siglos de los siglos, como nos garantiza el Cordero de Dios.

Soñé que la gran mañana del Juicio
Bertram H. Shadduck (1869-1950)

Soñé que la gran mañana del Juicio
alboreó, y que sonó la trompeta;
soñé que las naciones se juntaron
para el juicio ante el trono blanco;
y del trono bajó un ángel luminoso,
posándose en la tierra y en el mar,
y juró con la mano hacia los cielos
que el tiempo había concluido ya.

Y, ¡oh, qué llantos, qué lamentos
cuando a los perdidos se anunciaba su destino!
Clamaban a las rocas y a los montes,
orando, mas su oración llegaba tarde.

Allí estaba el rico, mas su dinero
había perecido y ya no estaba;
un mendigo estaba en el juicio,
con deudas imposibles de pagar;
allí estaba el gran hombre, mas su grandeza
cuando llegó la muerte, ¡quedó atrás olvidada!
El ángel que abría las sentencias
ni rastro descubrió de esa grandeza.

Allí estaba la viuda, allí los huérfanos,
cuyo clamor oyó y recordó Dios;
sin tristeza en los cielos para siempre,
Dios mismo sus lágrimas enjugó;
allí estaba el tahúr, allí el borracho,

junto al hombre que bebida le vendía,
junto a aquellos que le dieron el permiso,
hundiéndose a la par en el infierno.

Vino al juicio el hombre religioso,
pero de nada le sirvió su orgullo pío;
los hombres que mataron a Jesús
también fueron hombres religiosos;
el alma que pospuso la salvación,
"Esta noche no, ya veremos otro día.
¡No tengo tiempo de pensar en religión!",
al final, de morir, sí tuvo tiempo.

13

LA BENDICIÓN ETERNA DE LA BENDITA ESPERANZA

Amado Señor Jesús: en este mundo que da vueltas nos encontramos entre el cielo y el infierno. Nuestro tiempo es breve, nuestros días pocos, y te necesitamos mucho. Tú has puesto una luz en un lugar oscuro, para que no seamos como aquellos que duermen de noche, sino que sepamos y estemos despiertos, informados y alertas. Te rogamos que nos ayudes, oh Dios, a escuchar. Que tengamos oídos para oír. Hemos escuchado a los hombres hasta cansarnos. Hombres que no saben de lo que hablan, que hablan de cosas de las que nada saben. Tú, Dios, sabes todas las cosas. Señor, habla a nuestros corazones. Que escuchemos una voz que sea la tuya, y seamos conscientes de que estamos escuchando una proclamación, una trompeta, una voz. Gran Dios, haz que así sea. Amén.

En capítulos anteriores vimos a nuestro Señor abriendo el sexto sello, lo cual señaló la llegada de la guerra, la hambruna y las plagas, y vimos las almas de los mártires bajo el altar, en las manos de Dios. Se produjeron conmociones en los cielos y en la Tierra, que afectaron al sol, la luna, las estrellas, los montes, las islas y a toda la humanidad. Ahora se produce una pausa entre el sexto y el séptimo sellos.

Juan sigue mirando por la puerta abierta, y ve "a cuatro ánge-les en pie sobre los cuatro ángulos de la tierra" (Ap. 7:1). Algunos de los que atacan la Biblia aprovechan esta frase de los cuatro ángulos. Los críticos han intentado señalar que es evidente que la persona que escribió este libro creía que la Tierra era cuadrada, o al menos plana. Los críticos dicen que un hombre informado no podría haber escrito esta Biblia, porque habla de los cuatro ángulos de la misma.

Quienes tienen sentido común entienden lo que quiso decir Juan. Cuando escribió acerca de los cuatro ángulos de la Tierra, hablaba de los cuatro puntos cardinales: Norte, Sur, Este y Oeste. Incluso la gente que no conoce las Escrituras habla de los cuatro vientos celestiales. El viento del norte, el del sur, el del este y el del oeste; son vientos que dan vueltas y se hacen sentir desde cualquier lado. Esos son los vientos principales, y eso es todo lo que Juan quiere decir aquí. Los ángeles estaban en los cuatro ángulos de la Tierra, sosteniendo los cuatro vientos celestiales.

La actividad de los santos ángeles de Dios

Solo el libro de Apocalipsis menciona 75 veces a los ángeles; no podemos pasar por alto algo que se menciona tanto en un solo libro de la Biblia. Si creo en la Biblia, y la Biblia menciona 75 veces a los ángeles en un solo libro, debo abrir bien los ojos y decirme: *¡Un momento! A lo mejor hemos pasado por alto algo que deberíamos tomarnos en serio o, al menos, analizar.*

La Biblia como un todo habla de los ángeles, mencionándolos 297 veces. En unas pocas ocasiones, la palabra "ángel" en nuestras Biblias hace referencia a un mensajero humano, porque el término significa "mensajero"; pero la inmensa mayoría de las veces se refiere a un ser venido del cielo. Normalmente ese ser es grande, poderoso, inmortal, santo y sabio, y se encuentra estrechamente relacionado con Dios. Jesús nuestro Señor dijo, sobre los ángeles, que no se casan ni se dan en casamiento. Tampoco pueden morir, de forma que son inmortales, santos y sabios. Van y vienen haciendo lo que les manda el Todopoderoso.

No me voy a detener a mencionar nada sobre los ángeles caídos, porque no sé gran cosa de ellos. Seguramente sé tanto como quiero saber. Escribo sobre los ángeles santos. Estos ángeles están siempre del lado de la justicia y de Dios y, normalmente, del lado del ser humano. Digo "normalmente" porque ha habido ocasiones en las que los ángeles no pudieron ponerse de parte del hombre debido al pecado y a la rebelión de este. Cuando Dios les envía para que ministren a los hombres, se ponen de parte de estos de forma natural.

Me he dado cuenta de que en las Escrituras los ángeles son más activos en tiempos de crisis y menos evidentes en los de calma. En Job 38:4, Dios describe a Job el alba de la creación y le pregunta: "¿Dónde estabas tú cuando yo fundaba la tierra?". A pesar de que Job no estaba allí, los ángeles sí estaban. Fue un acontecimiento tan espectacular que Dios dice: "cuando alababan todas las estrellas del alba, y se regocijaban todos los hijos de Dios" (v. 7).

Cuando Dios entregó la ley, los ángeles fueron sus intermediarios. Entonces los ángeles estuvieron activos. Cuando nuestro Señor vino al mundo y nació de mujer, los ángeles se dejaron ver: una gran multitud de las huestes celestiales que alababan a Dios y decían: "Gloria a Dios en las alturas". Más tarde, cuando nuestro Señor resucitó de los muertos, los ángeles volvieron a estar allí.

Cuando llegamos al libro de Apocalipsis y la crisis empieza a agravarse, a volverse más dura y feroz, los ángeles aparecen 75 veces en un solo libro.

Por qué raras veces pensamos en los ángeles

La pregunta que quiero plantear es por qué los cristianos evangélicos modernos dedican tan poco tiempo a pensar en los ángeles. Todos los demás hablan de los ángeles, normalmente con connotaciones negativas, pero los cristianos modernos no hablan mucho de ellos.

Quizá el motivo básico es que el velo del materialismo oscurece la visión de la mente religiosa moderna. Hemos vinculado a Cristo con la prosperidad terrenal. Equiparamos el cristianismo a la prosperidad; en consecuencia, no tenemos espacio para los ángeles. Los ángeles no se pueden comprar ni vender. No nos aportarán nada, en especial buena suerte.

Nuestra mente moderna y materialista dice que cuando el hombre que gana dinero es cristiano, el Señor es su socio. Lo que quiero saber es: cuando no gana dinero, ¿sigue siendo cristiano? Si interpreto bien mi Biblia, eso es lo contrario de lo que dicen las Escrituras. En las Escrituras leemos que al rico le costaba mucho ir al cielo, y el pobre llegó a él sin dificultad (ver Mt. 19:24). Por lo tanto, creo que más vale replantearse todo este asunto, porque me parece que nos hemos alejado mucho del centro.

Hemos silenciado lo sobrenatural

El motivo detrás de todo esto es que la enseñanza bíblica popular ha negado, o al menos silenciado, lo sobrenatural. En muchos lugares, las personas no piensan en la inmediatez de Dios y en la necesidad que tenemos de Él. De hecho, nos preocupamos cuando Dios se vuelve necesario para nosotros.

En cuanto necesitamos lo sobrenatural, nos sentimos mal. Queremos saber que lo sobrenatural está en algún lugar, ahí fuera, más lejos que la roca más lejana, pero también queremos disfrutar de todos los bienes de este mundo que nos sea posible. Queremos exprimir cada panal de miel y extraerle hasta la última gota de dulzura. Entonces, cuando estemos tan viejos, magullados y oxidados que ya no podamos disfrutar de nada en el mundo, querremos ir a ese lugar sobrenatural. Entre tanto, preferiríamos que Dios no nos incordiara, porque confiar en lo sobrenatural es algo atrevido, un tema delicado en el que no queremos pensar.

Un predicador debe luchar contra la misma tentación. Es triste que hayamos negado o silenciado lo sobrenatural hasta el punto de haber confinado todos los milagros a otra dispensación.

Nuestras raíces se hunden demasiado en la tierra

Los cuatro ángeles que están en los cuatro ángulos del mundo, sosteniendo los cuatro vientos, participan de una de las escenas más maravillosas que he leído jamás o que he visto con los ojos de mi imaginación. Estos ángeles retienen los vientos del cielo como si Dios estuviera aguardando dramáticamente. ¿Sabes lo que hace Dios? Llevo escribiendo sobre ello desde el capítulo 5. Dios está arrebatando al ser humano el control del mundo. El hombre hunde sus raíces en la tierra y ha sujetado sus tiendas muy firmemente. Dios dice que el mundo no les pertenece a los hombres; el mundo le pertenece al Hombre, Cristo Jesús. El único hombre que es digno, que se ha ganado el derecho a tener el mundo, ahora lo libera. Me alegro mucho de esto, y me alegraré cuando todas estas crisis hayan quedado atrás.

Nadie es dueño de nada, solo pensamos que lo somos. Solo hay una persona que lo tiene todo, que es Aquel que derramó su sangre por ello y se entregó a sí mismo. La Tierra le pertenece, y Dios la recuperará para que nadie pueda decir: "Esto es mío". Dios se la devolverá a Aquel a quien le pertenece, Aquel que ha adoptado la forma de hombre y cuyo cuerpo fue hecho de los mismos elementos que le dio la tierra.

Los cuatro ángeles sujetan los cuatro vientos celestiales; y Dios espera que los cuatro vientos comiencen su obra destructiva para que la Tierra quede libre del control del ser humano.

Pensamos que el cielo es un lugar uniforme

Aparece un ángel que sostiene el sello de Dios, y clama a una gran voz hablando a los otros cuatro ángeles; evidentemente, tiene potestad para darles órdenes. Esto quiere decir que hay jerarquías angélicas. La idea de que el cielo es un lugar uniforme es uno de los mayores errores y herejías que conozco. La Biblia dice que en el cielo las personas se diferenciarán unas de otras como una estrella difiere en gloria de otra. La Biblia nos habla de ángeles, arcángeles, principados, potestades, poderes y dominios. Esto nos dice que existen grados de mayor y menor autoridad. La idea de que todos vamos a parar a un mismo saco, que luego Dios sacude y salimos todos iguales, es un error.

En el cielo habrá grados. Habrá recompensas: unas grandes, unas pequeñas, y habrá quienes no recibirán nada. Habrá personas que se hayan ganado el derecho, por sus sufrimientos y lágrimas, a gobernar sobre cinco ciudades. Otros se salvarán a duras penas, como por fuego. La idea de que todo el mundo que nace de nuevo es igual a todos los que ya lo han hecho es una verdadera estupidez.

Hay diferencias en capacidades, tamaños y demás. En este pasaje hay un ángel que tiene autoridad sobre los otros cuatro, y dice: "No hagáis daño a la tierra, ni al mar, ni a los árboles, hasta que hayamos sellado en sus frentes a los siervos de nuestro Dios" (Ap. 7:3). Este sellado no es inusual; al menos, no carece de precedente:

> Clamó en mis oídos con gran voz, diciendo: Los verdugos de la ciudad han llegado, y cada uno trae en su mano su instrumento para destruir.
>
> Y he aquí que seis varones venían del camino de la puerta de arriba que mira hacia el norte, y cada uno traía en su mano su instrumento para destruir. Y entre ellos había un varón vestido de lino, el cual traía a su cintura un tintero de escribano; y entrados, se pararon junto al altar de bronce. Y la gloria del Dios de Israel se elevó de encima del querubín, sobre el cual había estado,

al umbral de la casa; y llamó Jehová al varón vestido de lino, que tenía a su cintura el tintero de escribano, y le dijo Jehová: Pasa por en medio de la ciudad, por en medio de Jerusalén, y ponles una señal en la frente a los hombres que gimen y que claman a causa de todas las abominaciones que se hacen en medio de ella (Ez. 9:1-4).

Los ángeles sellarán al remanente

En Apocalipsis 7, leemos que los ángeles sellan a los siervos de Dios en la frente: "Y oí el número de los sellados: ciento cuarenta y cuatro mil sellados de todas las tribus de los hijos de Israel" (v. 4).

El remanente está en el mundo

¿Quiénes son los 144.000? Las sectas dicen que son ellas mismas. ¿Qué derecho tengo yo, o cualquier persona, para convertir en una figura o en un símbolo algo que está tan claro? Dios dice quiénes son esos y los nombra. Están vinculados con el remanente hebreo. Son las personas salvadas de las doce tribus de Israel; y por si alguien pensaba que se trataba de otra cosa, nombra a las tribus, incluyendo a José, por Efraín. Esos judíos se convertirán entonces.

No todos los juicios de Dios que vendrán sobre la Tierra en aquel momento afectarán a estas personas. No me preguntes si creo o sé si la Israel actual es la Israel de la que se habla en este pasaje. No lo sé con seguridad. Sin embargo, sí sé que Israel vendrá del Norte y del Sur, del Este y el Oeste, y sus moradores serán restaurados de nuevo a la tierra que Dios dio a Abraham, Isaac y Jacob. Dios no le mintió a Abraham. Cuando Dios le dijo que podría disponer de la tierra desde el río hasta el mar, hasta los cedros del Líbano y llegando a las fronteras de Egipto y Arabia, quiso decir exactamente eso.

La gran multitud está en el cielo

Juan sigue diciendo: "Después de esto miré, y he aquí una gran multitud, la cual nadie podía contar, de todas naciones y tribus y pueblos y lenguas, que estaban delante del trono y en la presencia del Cordero, vestidos de ropas blancas, y con palmas en las manos" (v. 9).

Aquí vemos a otra multitud que no se puede contar. Esta multitud se encuentra delante del trono en los cielos. Los 144.000 están en la Tierra. Por el contrario, estos que están en el cielo proceden de todas las naciones del mundo. ¿Quiénes son? Son aquellos que han salido de la Gran Tribulación, las aflicciones, angustia y persecución que vendrán sobre este mundo.

Hay mucha controversia respecto a la Tribulación, sobre cuándo tendrá lugar y cuándo empezará. Hay una cosa que podemos saber: no cabe duda de que los mencionados en este versículo han sido librados del horno de fuego del mundo durante un periodo de tiempo que aún está en el futuro.

Si piensas que eres capaz de desentrañar las cosas de modo que las entiendas mientras estás en el mundo, y saber de qué lado estar, quién tiene razón y quién se equivoca, piénsalo de nuevo. No puedes. Si crees que serás capaz de explicar por qué un hombre es rico y ateo, y otro es pobre y santo; por qué una persona vive hasta los 97 años y una mujer muere de cáncer a los treinta y tantos; si crees que puedes dilucidar todo esto, no cabe duda de que acabarás desilusionado.

Pero hay algo que puedes hacer: cuando te encuentres con una pregunta y no hallas respuesta, puedes mirar a lo alto y decir: "La bendición y la gloria y la sabiduría y la acción de gracias y la honra y el poder y la fortaleza, sean a nuestro Dios por los siglos de los siglos. Amén" (Ap. 7:12). Si pasas el tiempo suficiente diciendo esto, tu corazón saltará de gozo y estarás en la cima del mundo, aunque no puedas explicarlo todo. Podemos alabar a Dios aun por esas cosas que nunca podremos explicar.

Una reducción radical de la población del mundo

"Entonces uno de los ancianos habló, diciéndome: Estos que están vestidos de ropas blancas, ¿quiénes son, y de dónde han venido?". Aunque Juan sin duda sabe más de lo que sabremos jamás nosotros, contesta: "Señor, tú lo sabes" (vv. 13-14).

Se avecina una espantosa tribulación, una época de violencia, sufrimiento y terror, cuando las naciones se trastocarán, se conmocionarán y padecerán. Ese es el momento en que el Dios todopoderoso sacudirá la Tierra con mayor violencia que cualquier terremoto. Luego se producirá una reducción radical de la población del mundo, como leemos en este libro de Apocalipsis. Esta reducción radical de la población humana no será consecuencia de nada de lo que haga el hombre; procederá directamente del cielo.

En el capítulo séptimo leemos que los ángeles de Dios sostienen los cuatro vientos de la Tierra, de modo que no soplen sobre los mares, la tierra o los árboles. El Dios todopoderoso es quien hace esto. Luego llegamos al capítulo 8 y vemos a Dios lanzando fuego sobre la Tierra, y granizo y fuego mezclado con sangre. No tiene nada que ver con nada de lo que pueda hacer el ser humano.

Incluso hoy día escuchamos a políticos, sociólogos y científicos que dicen que en este mundo hay demasiadas personas. Hay que hacer algo para interrumpir el flujo de seres humanos que nacen en la Tierra. ¡Qué confusión más tremenda! Nadie conoce la respuesta. Esas personas están más confundidas que las sectas. (A lo mejor tendría que llamarlos la secta científica). Sea como fuere, en aquella época se producirá una merma radical de la población del mundo.

La Biblia no duda en decir que una tercera parte de la población mundial será aniquilada en un instante. Esto no será consecuencia de una fisión nuclear o nada parecido; más bien será la obra del Dios todopoderoso. La raza humana sobrevivirá a esa reducción radical.

¿Cómo nos afecta ahora esa información?

Ahora bien, esto es lo que me inquieta: ser cristianos no nos cuesta mucho. Todo evangélico que afirma haber nacido de nuevo, y tener vida eterna no hace tanto por propagar su fe como lo hacen las sectas. Las sectas dan más, hacen más, sacrifican más y nos avergüenzan por su celo y sus esfuerzos por hacer conversos.

Creo que ya es hora de que nos levantemos, salgamos de nuestra rutina y empecemos a tomarnos en serio nuestra fe cristiana. Ojalá los cristianos se tomaran muy en serio todo esto y se atrevieran a arrodillarse delante de Dios y decir: "¡Oh, Dios!, te entrego mi ser, mi familia y mi trabajo. Tómalos, Señor. Tómame y, si es necesario que por amor a ti lo pierda todo que así sea, Señor. Pagaré el precio, pero quiero ser todo lo que debo ser". Si tan solo una iglesia llena de gente se pusiera así de seria, oiríamos hablar de ella. La noticia se propagaría por todas partes, como las aves que vuelan, y se produciría un tremendo avivamiento, un renacimiento de creyentes neotestamentarios como no podemos ni soñar. Roguemos a Dios que nos libre del cristianismo fácil, estable, cómodo, obeso y untuoso que siempre tiene cuidado para que la verdad no nos agarre y nos avergüence. A los santos antiguos les costó todo. ¿Qué nos cuesta a nosotros?

¡Oh, día del Juicio, día de maravillas!

John Newton (1725-1807)

¡Oh, día del Juicio, día de maravillas!
¡Oíd! El temible clamor de la trompeta,
más potente que mil truenos es,
¡y trastoca la creación entera!
¡Cómo confundirá este llamado
el corazón del pecador!

Mirad al Juez, con nuestra naturaleza,
revestido de majestad divina.
Quienes anheláis su venida
diréis entonces: "¡Este es mi Dios!".
¡Oh, Salvador clemente, reconóceme como tuyo!

A su llamado los muertos despiertan,
volviendo a la vida en la tierra y el mar;
las potencias naturales se ven conmovidas
por su mirada, y se aprestan a huir.
¡Pecador remiso! ¿Qué será de ti?

Inimaginable espanto
asaltará tu corazón que tiembla,
cuando escuches tu sentencia:
"¡Vete de aquí, tú, maldito!
¡Con Satanás y sus ángeles tienes tu parte!".

Satanás, que ahora procura agradarte,
para que no escuches la advertencia,

cuando se dicte sentencia se hará contigo,
para hundirte en el lago de fuego:
piensa, pobre pecador, que está en juego tu destino.

Mas a aquellos que confesaron,
amaron y sirvieron al Señor en este mundo,
les dirá: "Venid aquí, benditos,
ved el reino que os entrego;
por siempre conoceréis mi amor y mi gloria".

14

LA MANIFESTACIÓN DE LA BENDITA ESPERANZA

Perdónanos, oh Dios, por estar tranquilos en Sion cuando a nuestro alrededor abundan tus advertencias. Nos hemos acomodado demasiado en lujos y placeres como para escuchar la voz de la bendita esperanza. ¡Oh, Dios!, que oigamos con nuestros oídos lo que dice el Espíritu y luego sometamos nuestras vidas a una obediencia absoluta a ese mensaje. Amén.

Cuando se rompe el séptimo sello, el hombre de Dios dice: "se hizo silencio en el cielo como por media hora" (Ap. 8:1). Se ha especulado mucho sobre el significado de este silencio.

Sinceramente, no sé qué significa esto. He descubierto que a menudo lo que no sabemos se convierte en material para sermones o enseñanzas. Las hipótesis son una manera estupenda de mantener la atención de algunas personas que tienen un pensamiento superficial. Me niego a predicar o a escribir sobre aquello de lo que no sé nada, y de esto sé poco, excepto que se produjo una pausa en el cielo, quizá una especie de *selah*, como la que vemos en los salmos. Para ser totalmente sincero, nadie sabe qué significa esto realmente. Puede que sea una anotación musical, pero en realidad no lo sabemos.

Lo que sí sabemos es que Dios obra y que los sellos se rompen. Cuando se abre el séptimo sello, en el cielo se produce una especie de *selah* divina cuando las ruedas del juicio, durante unos instantes, se detienen misericordiosamente. Tras el transcurso de esa media hora, Juan escribe que: "vi a los siete ángeles que estaban en pie ante Dios; y se les dieron siete trompetas" (v. 2). Aquí se nos dice que los siete ángeles eran especiales para la ocasión. Se les dieron siete trompetas, señalando que Dios daba esas trompetas especiales a esos ángeles especiales, con un propósito. A lo largo de la Palabra de Dios encontramos otras trompetas, pero las mencionadas aquí, especiales, están a punto de sonar.

En este pasaje he detectado algo que antes nunca había pensado. Otro ángel se acercó y se puso junto al altar, que es el altar divino en los cielos. Está claro que esta escena tiene lugar en el cielo, y el ángel está junto al altar. Este ángel, o mensajero de Dios, seguramente fue enviado desde el trono divino. Algunos pensarán incluso que se trata del propio Cristo, pero a este le fue dado un incensario de oro, y también mucho incienso, para que lo ofreciese con las oraciones de los santos sobre el altar de oro delante del trono. La Tierra espera y Dios contempla cómo se llena la copa de la iniquidad, y el pueblo de Dios ora: "¡Oh, Dios!, venga tu reino, hágase tu voluntad". Allá en el capítulo sexto, las almas bajo el altar estaban rogando: "¡Oh, Dios!, santo y verdadero, ¿cuánto tiempo hemos de esperar?". Y los santos del mundo han estado orando, pidiendo que el reino de Dios venga a la Tierra.

Esta oración no se puede responder a menos que primero se produzca el juicio de Dios para arrebatar el mundo a los usurpadores que lo tienen ahora, y lo devuelva al Hijo de Dios, a quien pertenece. Él es quien lo creó y quien lo compró con su sangre preciosa. Las oraciones de los santos estaban sobre el altar de oro, pero durante un tiempo resultaron ineficaces.

Nuestras oraciones vinculadas con el juicio de Dios

Hay momentos en los que las oraciones de los santos no parecen eficaces, es decir, que no se contestan de inmediato. En Apocalipsis 8 leemos que las oraciones de los santos han ascendido hasta Dios sobre el altar, donde se guardan y mezclan con las oraciones procedentes de otros lugares o con incienso, mucho incienso. Cuando las oraciones de Cristo, del altar, se mezclaron con las oraciones de los santos, vivos y muertos, el humo del incienso ascendió delante de Dios, y el ángel tomó el incensario y lo llenó con el fuego del altar. La Tierra no se verá libre de las zarpas del usurpador hasta que se produzca el juicio y el fuego salga del altar.

A los hombres les gusta creer que esta nación o esa otra, este ejército o ese otro, esta arma o la otra, esta bomba o aquella de allí se hará con el equilibrio del poder y controlará la situación. Pero el resultado de todas las cosas vendrá determinado no por las bombas nucleares de los hombres, los ejércitos, los generales, las reuniones en la cumbre o las asambleas generales de las naciones, sino por las oraciones de los santos.

Cada vez que un alma ora en el Espíritu Santo diciendo "venga tu reino, hágase tu voluntad", esa oración queda registrada delante de Dios. Las condiciones que vivimos en este mundo han congelado y apilado montones de nieve sobre esas oraciones, por el momento. Pero llega la hora en que Dios derramará el incienso junto con las oraciones de los santos, y la oración eficaz de Jesucristo se unirá a la oración eficaz de los justos. Entonces derramará el fuego del incensario sobre el altar en la Tierra, y resonarán voces y truenos, y habrá relámpagos y un terremoto. Entonces los siete ángeles, que son las siete trompetas, se preparan para tocarlas. ¿Por qué tocan las trompetas? Para anunciar a la humanidad que además de la Tierra hay otro mundo.

La Biblia menciona 125 veces las trompetas. En la antigua Israel, las trompetas servían para reunir a las tropas. Igual que un campamento militar está siempre al alcance del sonido del clarín, en el desierto siempre podía oírse. En el campamento de Israel, el clarín se podía oír en todos los rincones. Los distintos toques significaban cosas diferentes.

El pueblo de Israel escuchaba un toque que significaba una alarma, y otro que era un llamamiento a reunirse. Otro toque era el llamado a la fiesta. Otro era un llamado a la guerra. Otro toque señalaba el día del jubileo. Los profetas usaron esa figura: "Tocad trompeta en Sion, y dad alarma en mi santo monte; tiemblen todos los moradores de la tierra, porque viene el día de Jehová, porque está cercano" (Jl. 2:1). Pablo la usó en el Nuevo Testamento cuando dijo: "Y si la trompeta diere sonido incierto, ¿quién se preparará para la batalla?" (1 Co. 14:8). En el monte Sinaí, la trompeta de Dios sonaba en medio de las tinieblas, los terremotos, truenos y relámpagos. Y a la hora del juicio leemos lo siguiente:

> Entonces aparecerá la señal del Hijo del Hombre en el cielo; y entonces lamentarán todas las tribus de la tierra, y verán al Hijo del Hombre viniendo sobre las nubes del cielo, con poder y gran gloria. Y enviará sus ángeles con gran voz de trompeta, y juntarán a sus escogidos, de los cuatro vientos, desde un extremo del cielo hasta el otro (Mt. 24:30-31).

"En un momento, en un abrir y cerrar de ojos, a la final trompeta", escribe el apóstol Pablo; "porque se tocará la trompeta, y los muertos serán resucitados incorruptibles, y nosotros seremos transformados" (1 Co. 15:52). Por supuesto, esto hace referencia a las siete trompetas de Apocalipsis 8. Ese es el marco escritural para todo; y cuando se traslada a este libro de Apocalipsis, no lo hace como algo nuevo que se introduce ahora, sino como algo con lo que está familiarizado cualquier estudioso de la Biblia.

El que tiene oídos para oír

Fijémonos en los motivos para las trompetas del juicio. Una vez Dios caminó con los hombres, hablando con ellos con la voz apacible del amor. Habló en el frescor de la mañana, y escucharon su voz como la voz del amor que caminaba entre los árboles del huerto. El hombre ya no puede o no quiere escuchar esa voz apacible de Dios, porque ha pecado.

En el Antiguo Testamento, Elías descubrió que Dios no suele hablar de formas muy dramáticas. Después de la gran victoria en el monte Carmelo, Elías temió a la reina Jezabel, y huyó y se escondió en una cueva. Fue en esa cueva donde Dios acudió a Elías, no en medio del trueno o del terremoto, sino en un silbo apacible y delicado:

> Él le dijo: Sal fuera, y ponte en el monte delante de Jehová. Y he aquí Jehová que pasaba, y un grande y poderoso viento que rompía los montes, y quebraba las peñas delante de Jehová; pero Jehová no estaba en el viento. Y tras el viento un terremoto; pero Jehová no estaba en el terremoto. Y tras el terremoto un fuego; pero Jehová no estaba en el fuego. Y tras el fuego un silbo apacible y delicado (1 R. 19:11-12).

Dios ha hablado, y habla de muchas maneras. Habló por medio de los profetas, los videntes, la razón, la naturaleza, las Escrituras. La Biblia nos cuenta que habló mediante los santos inspirados por el Espíritu Santo: "Dios, habiendo hablado muchas veces y de muchas maneras en otro tiempo a los padres por los profetas..." (He. 1:1). Ha hablado por medio de los hombres santos que han vivido, predicado, orado y cantado desde que se escribió la Biblia; y habló con las mayores fuerza y claridad posibles mediante su Hijo, nuestro Señor Jesucristo:

> en estos postreros días [Dios] nos ha hablado por el Hijo, a quien constituyó heredero de todo, y por quien asimismo hizo el universo; el cual, siendo el resplandor

de su gloria, y la imagen misma de su sustancia, y quien sustenta todas las cosas con la palabra de su poder, habiendo efectuado la purificación de nuestros pecados por medio de sí mismo, se sentó a la diestra de la Majestad en las alturas (He. 1:2-3)

Sin embargo, los hombres pecadores no escuchan. Solo de vez en cuando un oído creyente presta atención. "El que tenga oídos", dice el Espíritu Santo, "oiga" (Ap. 3:22).

En esta hora agónica del mundo, los hombres han llenado la copa de la iniquidad y han rechazado al Padre, al Hijo y al Espíritu Santo, y han mancillado la hermosa Tierra, extendiendo luego las manos para hacer lo mismo a otros mundos. Justo cuando la copa de la iniquidad está a punto de desbordarse, Dios habla a los siete trompetistas; ellos se adelantan y empiezan a tocar las trompetas. En esa hora, el mundo se pasará al bando del anticristo, y él esclavizará a su mayor parte e incumplirá todas las leyes naturales y espirituales. Incluso los juicios de Dios se entenderán como algo distinto, y serán explicados convincentemente.

Cuando Dios habló a su Hijo desde los cielos, los que estaban alrededor escucharon la voz y dijeron: "Truena". Pero era la voz de Dios. Debido a su incredulidad, los hombres se niegan a creer que Dios habla, incluso cuando lo hace. La ciencia lo explica todo. Cuando pensamos en las cosas sorprendentes y terribles que se hacen en el campo de la biología, nos parece que no deberán pasar muchas generaciones antes de que el matrimonio se anule en algunos países y los bebés se fabriquen en probetas.

En lugar de decir: "Escuchen, Dios habla", los sabios ajustan nerviosos su microscopio y lo explican todo. El consuelo de Dios será necesario para despertarnos. Será necesario algo sobrenatural; y cuando Dios sacuda al mundo librándolo de sus científicos, políticos y *playboys*, y lo devuelva a Aquel a quien le pertenece, Jesucristo el Señor, lo hará de tal modo que todo el mundo lo reconozca como una manifestación milagrosa. Las trompetas confirmarán los juicios divinos.

Necesitamos sentir un temor renovado por la profecía

Fíjate en las cuatro primeras trompetas. Estas cuatro trompetas nos dicen que habrá manifestaciones inequívocas procedentes del cielo. Todos los profetas, nuestro propio Señor y sus apóstoles dijeron que así sería. No creo que el tiempo haya llegado ya; creo que se acerca. Hemos hablado de estas cosas hasta llegar a un punto en que ya no nos beneficia. Puedes hablar de un tema con la frecuencia suficiente, el tiempo y la frivolidad necesarios, sin espíritu, y llegarás a un punto en que ya no te servirá de nada, carecerá de efecto y hasta de sentido. Creo que esto es lo que nos ha sucedido a nosotros, los evangélicos, en esta área de la profecía.

Perdemos nuestra capacidad de tener miedo. En la Tierra no queda temor reverente. Es como la vieja historia del niño que decía que venía el lobo cuando no era así, y lo hizo tantas veces que al final salió perdiendo. Cuando el lobo vino de verdad, nadie le hizo caso, y el depredador se llevó a sus ovejas.

Los cristianos apenas creen ya a los profetas. Hoy día ignoramos a Dios y la verdad. ¿Cuánto hace que leíste los profetas e incluso te inquietó su mensaje? ¿Cuánto hace que escuchaste un auténtico sermón sobre la profecía, los últimos tiempos, la venida del Señor y el juicio de este mundo?

Si Noé no hubiera creído en su época, la raza humana habría sido aniquilada. Si Noé no hubiese creído cuando Dios habló, la historia del Antiguo Testamento hubiera sido bastante diferente. Gracias a Dios, un hombre creyó. "Has hallado gracia ante mis ojos", dijo el Santo a Noé. Y Noé creyó.

¿Y si Lot hubiese ignorado la advertencia cuando vinieron

los ángeles, le tomaron por el brazo y le dijeron: "Levantaos, salid de este lugar; porque Jehová va a destruir esta ciudad"? Si Lot no hubiera atendido a la advertencia, estoy seguro de que el mundo habría sido diferente, y las Escrituras también. Pero Lot creyó. No era un hombre muy bueno, pero creyó lo suficiente como para levantarse y sacar a su familia de la ciudad. Sabiendo lo que hizo después su mujer, imagino que le costaría mucho sacarla de allí (ver Gn. 19:23-29).

Uno de estos días, cuando esos ángeles poderosos y amedrentadores de Dios tomen sus trompetas de plata y las toquen, se oirán en todos los planetas, estrellas y lugares del mundo, y nadie podrá decir que serán truenos. Sabrán lo que será.

Los cristianos están en paz en Sion, sumidos en sus lujos y placeres, olvidándose de orar; el resultado es que no escuchan la voz. Algunos dicen: "Cuando oiga la trompeta me cuidaré de eso". Cuando oigas la trompeta será demasiado tarde.

Las Escrituras nos dicen que vendrán las siete trompetas y que, cuando empiecen a sonar, será demasiado tarde. "¡Ay de quienes habiten en la Tierra!", dice la voz poderosa. Entonces sonarán las tres últimas trompetas (ver Ap. 8:13).

Aún queda tiempo

Hasta ese momento escuchamos otra voz: la de Jesús, que nos llama al hogar. Es la voz cariñosa de Jesús que dice, en esta hora de esperanza, posibilidad y oportunidad para el ser humano: "Venid a mí todos los que estáis trabajados y cargados" (Mt. 11:28). Si no escuchamos esa voz, oiremos el sonido de la trompeta. Los cristianos tienen que escuchar la voz de Dios diciendo que debemos estar alertas para evitar sumirnos en la abundancia excesiva, la ebriedad y los cuidados de esta vida, a fin de que aquel día no nos encuentre desprevenidos.

Ahora mismo, Dios convoca a las personas usando la trompeta. Está escrito de Él que nunca clamó, levantó la voz ni la dejó oír en las calles. Envió a sus mensajeros. Hoy ha enviado la voz apacible de un hombre. Ha enviado la voz hermosa y dulce de un cántico. Ha enviado al obrero personal, el evangelista, el apacible pastor anciano y a la sencilla ama de casa que enseña en la escuela dominical.

Aún no ha enviado al ángel con la trompeta, y la voz que oímos no es: "¡Ay de los habitantes de la Tierra!". La voz que oímos es: "Venid a mí todos los que estáis trabajados y cargados, y yo os haré descansar. Llevad mi yugo sobre vosotros, y aprended de mí, que soy manso y humilde de corazón; y hallaréis descanso para vuestras almas" (Mt. 11:28-29). La voz que oímos dice: "Despiértate, tú que duermes, y levántate de los muertos, y te alumbrará Cristo" (Ef. 5:14). La voz que oímos dice: "Arrepiéntete, arrepiéntete".

El motivo de que Dios aún no haya enviado el juicio sobre este mundo es para dar tiempo y oportunidad a sus moradores para arrepentirse de sus pecados. Es un hecho tremendo, aterrador. Acaba ahora con tu pecado o él acabará contigo más adelante. Lo único que tenemos es el presente. Cuando nuestro "ahora" se agote, sonará la trompeta del Señor.

Cuando la trompeta suene
James Milton Black (1856-1938)

Cuando la trompeta suene en aquel día final
y que el alba eterna rompa en claridad,
cuando las naciones salvas a su patria lleguen ya,
y que sea pasada lista allí he de estar.

Cuando allá se pase lista,
a mi nombre yo feliz responderé.

En aquel día sin nieblas en que muerte ya no habrá,
y su gloria el Salvador impartirá,
cuando los llamados entren a su celestial hogar,
y que sea pasada lista allí he de estar.
Cuando allá se pase lista,
a mi nombre yo feliz responderé.

Trabajemos por el Maestro desde el alba al vislumbrar,
siempre hablemos de su amor y fiel bondad,
cuando todo aquí fenezca y nuestra obra cese ya,
y que sea pasada lista allí he de estar.
Cuando allá se pase lista,
a mi nombre yo feliz responderé.

(Adapt. Crystal Lewis)

15

LA ADVERTENCIA DE LA BENDITA ESPERANZA

¡Oh, bendito Señor Jesús!, viniste a una nación, como nos dice nuestro corazón tembloroso. Has venido con ojos como llama de fuego para ser nuestro juez. Deberías haber venido como nuestro verdugo, para acabar con la plaga inmoral del ser humano, que se ha extendido por la faz de la Tierra, atacando a otros y a nosotros mismos. No viniste a condenar al mundo, sino para que este pudiera ser salvo por medio de ti. ¿Qué podemos decir, Señor, excepto darte las gracias, oh, amoroso Salvador? ¿Cómo encontrar palabras para expresarte nuestra gratitud? Te damos las gracias, Señor Jesús. No discutiremos sobre tu persona ni sobre hipótesis. Solo nos arrodillaremos y diremos: "¡Señor mío y Dios mío! Hemos encontrado a Aquel del que escriben Moisés y los profetas: Jesús, el hijo de María, el Hijo de Dios. ¡Le hemos hallado! ¡Aleluya! ¡Le hemos hallado!". Amén.

Mi método en este libro no ha sido el de interpretar todos los símbolos, ni obligar a los pasajes a que encajen en un marco. Haciéndolo correría el riesgo de caer en la falta de honradez espiritual o de estrechar tu pensamiento hasta un punto en que ya no puedas ampliarlo ni crecer en el Señor, y Él ya no pueda decirte nada. Mi propósito ha sido identificar las ideas principales y descubrir las lecciones espirituales subyacentes.

La estrella del primer capítulo del libro de Apocalipsis es el ángel de las siete iglesias. No sé quién es la estrella de Apocalipsis

9, pero sé que descendió del cielo a la Tierra. Algo sobrenatural invade nuestro mundo natural. Este desconocido que viene al mundo procede de otro orden de cosas, y tiene en sus manos las llaves del abismo, el pozo sin fondo. Lo abre cuando Dios se lo ordena. De este abismo surgen langostas que invaden la Tierra, no el tipo de langostas que el mundo está acostumbrado a ver. Estas langostas tienen el poder de escorpiones.

Las langostas

En la Tierra hay pocos escorpiones, pero las langostas vienen en masa, miles y cientos de miles, y lo único que hacen es comer vegetación. No molestan a las personas pero, si diéramos a las langostas el poder de los escorpiones, te puedes imaginar el tipo de tormento al que tendríamos que enfrentarnos.

Esta descripción habla de muchos cientos de miles de langostas, cada una de ellas dotada de un aguijón como los escorpiones. Se les ordenó que no dañasen la vegetación de la Tierra, ni a ninguna de las personas que llevasen el sello de Dios sobre sus frentes, lo cual nos indica que había personas y que en aquel día habrá personas que lleven el sello divino. Se les dio la orden de que no matasen a los malvados, sino que los atormentasen con un sufrimiento tan espantoso que en aquellos días los hombres buscarán la muerte y no podrán hallarla. Intentarán suicidarse y no podrán. La muerte huirá de ellos. Juan nos detalla la forma de las langostas, y por supuesto lo hace empleando figuras del lenguaje.

Las langostas son como caballos preparados para la batalla. Llevan en sus cabezas coronas de oro, y sus rostros son humanos. Tienen cabello como las mujeres, y dientes como los leones. Nunca he visto una criatura así. Pero allí estarán en aquel día de espanto. El sonido de sus alas es como el retumbar de carros tirados por caballos que corren a la batalla. Tienen colas como escorpiones, y dañan al ser humano durante un periodo de cinco meses.

Estas langostas tienen un rey sobre ellas. Su nombre en hebreo es Abadón (destrucción), y en griego es Apolión (destructor). Esto es lo primero que sucede cuando el quinto ángel toca la trompeta. Fíjate en esto: según el plan de Dios, hay otro mundo que mantiene la vista fija en este mundo. El mundo en el que vivimos no se explica a sí mismo ni es autosuficiente. El mundo con el que estamos tan familiarizados no es más que una sombra del mundo real en otro plano. Lo que muchas personas no logran descubrir es que este mundo tiene un origen espiritual. Sin embargo, una raza rebelde usurpa la autoridad en este mundo y, por el momento, está separada del mundo de Dios en el reino de Dios. Se acerca la hora en que Dios acabará con esa insurrección.

El juicio de Dios

El libro de Apocalipsis nos revela la manera en que Dios solventará esa ocupación rebelde de la Tierra. Otras criaturas invadirán nuestro planeta. A lo largo de las Escrituras, los profetas, videntes y sabios, e incluso los apóstoles, nos advirtieron de los propósitos de Dios. Toda esa rebelión que parece imperar sin freno encontrará un día la horma de su zapato, y más que la horma. Este mundo rebelde nuestro, que ha sido una provincia rebelde cuyos habitantes se han sublevado contra el sublime Rey de los cielos, volverá a acatar el orden divino, y la unidad del mundo de Dios se restaurará y conservará.

Dios hará caer sobre esta infestación maligna la balanza de su justicia. Para ello se abrirán los sellos, se tocarán las trompetas y se verterán las copas de la ira de Dios. Dios usa esto para desprender al mundo rebelde de la Tierra, o a la Tierra del mundo rebelde de la humanidad. Estos invasores de Apocalipsis 9 procederán de arriba y de abajo. Lo sobrenatural penetra en lo natural, y quisiera decir que cuando eso suceda, todo el mundo sabrá de dónde vienen los invasores, o al menos que proceden de otro mundo.

Cuando esa invasión tenga lugar, nadie escribirá artículos ni preguntará por qué ha pasado eso. Dios lo dejará muy claro. Nadie contará historias extrañas sobre hombrecitos que han salido de sus platillos voladores. No cabrá duda alguna de que este es el juicio divino sobre el mundo. Entonces Dios enviará a sus extrañas criaturas del infierno y del cielo para invadir la Tierra. Nadie lo dudará ni lo cuestionará, pero la triste verdad es que no se someterán ni se arrepentirán, aunque sepan de dónde procedieron esos seres.

Ahora vemos la imagen oscuramente, no la entendemos. Un hombre escribe un libro para explicar qué es la estrella; otro, para explicar que el hombre que escribió el primer libro no sabía de lo que hablaba. Y viene otro hombre que escribe un libro sobre las langostas, y otro para demostrar que el que escribió ese primer libro nunca había visto una langosta, y así siguen las cosas.

Aunque no pienso inmiscuirme en esos detalles, sé cuál es la verdad grande y central en este pasaje: cundo Dios se canse del mundo, hará algo al respecto. Si estás lo bastante cerca de Dios como para querer que haga algo al respecto, eres un buen cristiano. La mayoría no quiere que Dios haga nada sobre el particular. Oran en secreto: "Oh, Dios, contén tus juicios". Sin embargo, los que están tan cerca de Dios que sus corazones laten al compás del suyo, claman: "Oh, Dios, envía tus juicios, y permite que se manifiesten".

Lo que podemos saber

A la luz de esto, quiero exponer cinco verdades que podemos conocer. Estas verdades se enseñan aquí, y quiero que las examines y reflexiones sobre ellas.

La naturaleza esencial de la Tierra

La primera verdad es que este mundo es esencialmente espiritual. Esto es lo que Dios ha venido diciendo al mundo desde que Adán y Eva pecaron. Dios dice: "Los he hecho a mi imagen". Todo esto que vemos proviene de lo que no podemos ver. Este mundo no se puso a existir por sí solo. No es un accidente. Fue creado del espíritu gracias al aliento de Dios, y el ser humano fue hecho a imagen de Dios. El mundo visible es una manifestación del espíritu; y dado que solo vemos las cosas externas, las malentendemos.

Es como ver un edificio diseñado con un propósito, y alguien se acerca y dice: "Ese edificio no fue diseñado. Simplemente, existió". ¡Un momento! Hay ventanas, puertas, accesos repartidos por él. Dentro hay habitaciones con formas definidas, lo cual indica que ese edificio lo hizo una inteligencia dotada de propósito.

Alguien objeta: "No, eso no lo admitimos. No tenemos manera de saberlo. Ahí dentro no hay nadie. Vamos a examinarlo". Peinan el edificio de un lado a otro y no encuentran a nadie. No encuentran evidencias de vida. No hay evidencias de que dentro haya nada, y salen y gritan triunfantes: "¡Ahí dentro no hay nada! Existió por sí solo".

Entonces viene alguien que sabe distinguir su mano derecha de la izquierda y dice: "Aquí hay evidencias de un diseño, muchas evidencias de propósito, de inteligencia, y no podemos descubrirlas viendo, sintiendo o escuchando al que lo hizo; pero alguien lo hizo".

Dios le dice al mundo que este es en esencia espiritual, porque Él lo hizo y provino de Él, y Él insufló en el mundo aliento de vida. Por eso estamos aquí, pero los hombres olvidan esto. En concreto, los científicos olvidan esto, y justifican lo que dicen apelando a tus cinco sentidos. Pueden sacar un micrófono y amplificar una voz. Pueden producir luz para que brille, y crear otras evidencias. Nosotros que creemos en Dios y en su propósito y diseño no tenemos pruebas de nada. Hemos de decir: "Creo en Dios Padre todopoderoso. Creo en Jesucristo, su único Hijo. Creo en el Espíritu Santo. Creo en la santa Iglesia universal. Creo".

Los científicos nos sonríen serenos y dicen: "Bueno, pues nosotros no creemos; nosotros creamos". Mientras el mundo crea sus grandes instrumentos de vida y de muerte, Dios le dice que no se lo tomen demasiado en serio. Les dice: "Yo hice todo esto. El mundo es esencialmente espiritual, y las fuentes de la conducta humana también lo son. Incluso los pecados de la carne, por viles y violentos que sean, son el resultado de unas fuentes espirituales envenenadas".

Aún hay más por venir

La segunda verdad que percibimos aquí es que el mundo aún no ha visto nada. Nuestro planeta ha sido duro, violento, sangriento, pecaminoso, lleno de lágrimas y de terror. Cada diario lo publica, cada programa de radio y de televisión nos cuenta lo terrible, duro, violento y cruento que es todo. Este es el precio que debemos pagar por la monstruosa inversión y la rebelión inconsciente contra el sublime Rey del cielo. Este es el precio que pagamos por olvidar que somos espirituales. Es el precio que pagamos por descender al nivel de las bestias que perecen y vivir vidas que ya no son ciertas. Es el precio que pagamos por hacer que el espíritu sea esclavo de la carne.

Una vez vi a un hombre tomar una vela y decir: "Esta vela es como un hombre. Aquí tenemos la vela, el cuerpo. La mecha la atraviesa por dentro, como el alma. En la parte superior arde la llama, que es el espíritu". Luego pasó a explicar que la vela dará luz siempre que mantenga su posición relativa. Mientras el cuerpo esté abajo, el alma dentro y el espíritu en lo alto, arderá. Luego le dio la vuelta; en cuanto lo hizo, se produjo un chisporroteo y un poco de humo, y la llama se apagó. Él explicó: "Esto pasa cuando se invierte y se pone el espíritu abajo y el cuerpo arriba".

Esto es exactamente lo que le ha pasado al mundo. Hoy vivimos así. Nos centramos tanto en el cuerpo y en el mundo que olvidamos que en el ápice de nuestras vidas debería arder una llama eterna que nunca se puede apagar: el espíritu de una persona en contacto con el Espíritu de Dios. Pero invertimos esto y el cuerpo apaga el espíritu, y los hombres mueren. Algunos atesoran la esperanza vana de que algún día encontrarán el camino que les lleve a Dios.

Creo que el mundo en el que vivimos hoy se ha vuelto loco; se ha invertido y ha olvidado que fuimos hechos a imagen de Dios. Ha olvidado que existe otro mundo. Ha olvidado que llegará un día en que Dios invadirá el mundo con criaturas extrañas del cielo y del infierno. Estas criaturas de otras esferas hacen la voluntad de Dios y su velocidad superará a la de la luz. Acudirán a la Tierra de Dios y harán su obra de juicio terrible, maravillosa y asombrosa.

La voz dice al sexto ángel que toca la trompeta: "Desata a los cuatro ángeles que están atados junto al gran río Éufrates" (Ap. 9:14). Liberaron a los cuatro ángeles que estaban preparados para matar a una tercera parte de los hombres en una hora, un día, un mes y un año específicos. No sé quiénes son esas criaturas, pero sé que las Escrituras dicen que están sujetas junto al río Éufrates, y que Dios las desatará. Cuando vengan, todo el mundo sabrá que nos visitan.

La muerte no es el fin

Lo tercero que sabemos es que la muerte no es lo peor que le puede pasar a una persona. Hoy no entendemos esto, pero es cierto. En aquel día, los hombres querrán morir y no podrán, y la muerte huirá de ellos. Ningún cristiano tiene miedo a la muerte. El apóstol Pablo lo dijo muy claro en su epístola:

Pero confiamos, y más quisiéramos estar ausentes del cuerpo, y presentes al Señor. Por tanto procuramos también, o ausentes o presentes, serle agradables. Porque es necesario que todos nosotros comparezcamos ante el tribunal de Cristo, para que cada uno reciba según lo que haya hecho mientras estaba en el cuerpo, sea bueno o sea malo. Conociendo, pues, el temor del Señor, persuadimos a los hombres; pero a Dios le es manifiesto lo que somos; y espero que también lo sea a vuestras conciencias (2 Co. 5:8-11).

Para el cristiano, la muerte es un viaje al mundo eterno; de modo que se trata de una victoria triunfante, un descanso y un deleite. El apóstol Pablo estaba ansioso por ir. Entiendo un poco cómo se sentía Pablo. Yo nunca he sufrido como sufrió él. Supongo que cuanto más sufría, más ansioso estaba por ir al cielo. Cuanto más sufre un cristiano, más anhelo siente del cielo, del hogar.

El cristiano moderno tiene una actitud distinta. Son tantos quienes están tan satisfechos con todo lo que tienen que les preocupa dejarlo todo atrás. Estamos contentos con lo que tenemos, y oramos: "¡Oh, Dios!, por favor, no me lleves todavía. Me gusta estar aquí". Sin duda, no oramos así en voz alta, porque no sería piadoso hacerlo, pero vivimos así. ¿Cuántos cristianos se sentirían profundamente decepcionados si pensaran que Dios se los llevaría al cielo hoy, mañana o al día siguiente? Rogarían: "Señor, por favor, retrasa un poco el momento. En este mundo hay demasiadas cosas que quiero".

Al cristiano la muerte no le da miedo; es un viaje al mundo eterno. Es alcanzar la meta para la que fuimos creados. Es el cumplimiento repentino de nuestro propósito. ¿Cómo podría dar miedo algo así al cristiano cuya ancla está bien firme en el corazón y el alma de Jesucristo?

La muerte no es lo peor que te puede pasar; fallarle a Dios, sí. Ahí tenemos a esas personas que piden la muerte. Buscarán la muerte y no la encontrarán. Desearán morir, y la muerte huirá de ellos. La muerte no es lo peor que le puede pasar a un hombre, porque la muerte no es más que la cesación del cuerpo, pero seguimos viviendo.

Dios controla el destino de todos los hombres

Lo cuarto que dice Dios aquí es que tiene nuestras vidas en sus manos. No dañéis a los que tienen el sello de Dios en sus frentes. Los hombres buscarán la muerte pero esta huirá de ellos, porque esos hombres tienen cierto libre albedrío. Habrá momentos en que Dios les prive de su permiso y, cuando lo haga, el asesino no podrá matar ni el suicida morir.

Debemos tratar al mundo que tenemos delante como un mundo rebelde. Creemos en Dios y en su Hijo Jesucristo, y si el mundo nos escuchara, los hombres tendrían la solución a los problemas de esta Tierra. Pero no escuchan.

No todos los corazones aceptarán el llamado de Dios

Lo último que quiero decir es que al hombre rebelde no se le puede obligar a arrepentirse. Los seres humanos que no murieron a consecuencia de esas plagas no se arrepintieron de las obras de sus manos, para dejar de adorar a demonios e ídolos; tampoco se arrepintieron de sus asesinatos, sus brujerías, sus fornicaciones o sus maldades. Los hombres han dicho que si Dios enviase su juicio sobre el mundo, entonces temerían.

Las Escrituras nos dicen en este pasaje que, en aquel día de la última invasión, los hombres se endurecerán y se negarán a arrepentirse. Jesús dijo: "Si no oyen a Moisés y a los profetas, tampoco se persuadirán aunque alguno se levantare de los muertos" (Lc. 16:31). Si no escuchan la Palabra de Dios, si no reaccionan favorablemente a la Biblia y no se atreven a creer y a arrepentirse, "no lo harán aunque alguien resucitara de los muertos".

El corazón humano es extraño. Un acto de Dios que hace que una persona se arrepienta hará que otra le aborrezca. El mismo sermón que hace que una persona acuda llorando al altar de la oración hará que otra huya de él, con la barbilla bien alta, decidida a hacer lo que le apetezca. El corazón humano es malvado por encima de todas las cosas, desesperadamente malvado (ver Jer. 17:9). Que Dios se compadezca de nosotros. Eso es lo que Dios nos dice hoy.

Creo que ese día se acerca, aunque no sé cuándo será. El mundo verá a estas criaturas, y los santos serán marcados y protegidos durante el poco tiempo en que estarán aquí; pero el resto estará sometido al juicio de Dios. En lugar de buscar a Dios en las cuevas, se endurecerán y no se arrepentirán de los asesinatos, las brujerías y la fornicación.

Todos los hombres están moralmente obligados a arrepentirse; y, si no lo hacen, perecerán. Sin embargo, los hombres no se arrepentirán a menos que la bondad de Dios les ablande. Esta es nuestra advertencia. No confíes en nada espectacular porque, si no escucharon a Moisés y a los profetas, no escucharán ni creerán aunque alguien se levante prodigiosamente de los muertos.

¡Día de la ira, temible día!
Tomás de Celano (*c.* 1200-1265)

Día de la ira, temible día,
cuando pasen los cielos y la Tierra.
¿A qué poder se aferrará el pecador?
¿Cómo se enfrentará al día terrible?

Cuando, en cenizas cual un papel reseco,
los cielos llameantes se enrollarán por siempre,

y con más fuerza, y con más terror,
resonará la trompa que despierta al muerto.

¡Oh! Aquel día de la ira, temible día,
cuando el hombre del barro se levante para juicio,
sé tú, oh Cristo, del pecador escudo,
aunque pasen los cielos y la Tierra.

16

El librito de la bendita esperanza

*Padre celestial, tu Palabra ha sido una lámpara a mis pies
y una lumbrera en mi camino. He probado que tu Palabra
es el camino que lleva a tu presencia. Busco tu rostro más
allá de la página sagrada de tu Palabra, Señor. Amén.*

Básicamente, el libro de Apocalipsis es la revelación de Jesucristo, pero resulta imposible mirar fijamente una estrella brillante y ver solo esa estrella. Al contemplar una estrella reluciente vemos todas las otras estrellas que la rodean, que son lo bastante grandes y brillantes como para incidir en nuestro nervio óptico. Es imposible ver a un rey sin ver las cosas que le rodean: el palacio, el trono, los sirvientes, el cetro, el manto y las cosas que hacen que un rey sea rey.

Cuando leemos el libro de Apocalipsis a menudo no vemos, por el momento, al propio Jesús; vemos lo que le rodea. Jesucristo es lo primero. Es el Verbo, el Verbo eterno. Es Dios que ha tomado forma en carne humana.

Podría pasar mucho tiempo escribiendo sobre Él, pero me avergonzaría lo poco que diría en alabanza de Aquel que es el deseo de las naciones; Aquel que es la sabiduría, la justicia, la santificación, la redención, la esperanza, la resurrección y la gloria; Aquel que es el camino, la verdad y la vida, y todo lo que necesita el espíritu humano, y todo lo que los seres humanos necesitarán para el mundo venidero. Sin embargo, cuando le miramos, también vemos a esas otras criaturas. Jesús es Aquel por quien debe redimirse la raza humana, restaurarse el mundo y destruirse el mal. Es aquel que derrota a Satanás, establece la justicia, acaba con el aislamiento humano y quita el velo que cubría el rostro de Dios. Sin embargo, cuando le miramos vemos a ángeles, el infierno, el cielo, el abismo sin fondo, el trono de Dios, las almas de los justos, el juicio final, las bodas del Cordero, y los nuevos cielos y la nueva Tierra.

Envuelto en una nube

El libro de Apocalipsis está lleno de maravillosas escenas nobles y magníficas, terribles y amedrentadoras, atractivas, impactantes y emocionantes. Juan escribe: "Vi descender del cielo a otro ángel fuerte, envuelto en una nube, con el arco iris sobre su cabeza; y su rostro era como el sol, y sus pies como columnas de fuego" (Ap. 10:1).

El décimo capítulo de Apocalipsis es un paréntesis, es decir, no prosigue con el curso de los acontecimientos. Avanzamos por la sucesión de hechos, pero aquí no encontramos ningún movimiento hacia delante; lo que vemos es un anuncio poderoso y señorial que procede de otro ángel fuerte. Luego tenemos la descripción del ángel, y las Escrituras dicen que estaba envuelto en una nube.

La Biblia fue escrita, en gran medida, usando figuras del lenguaje y símbolos, que abundan en toda la Palabra de Dios. Esto a menudo desanima a muchas personas, y alzan las manos al cielo y dicen: "¡No entiendo las Escrituras! No sé cuándo dicen algo literal y cuándo es simbólico. Por lo tanto, no leo la Palabra". Por supuesto, esta es una estratagema astuta del diablo para impedirnos leer la Palabra de Dios.

Cuando lees la carta de un familiar o de un ser querido al que tienes lejos, no tienes este problema. Ese ser querido puede emplear hermosas figuras del lenguaje en la carta que te envía. Sin embargo, conoces el significado de cada una de ellas, y sabes que tu ser querido emplea un símbolo, una figura del lenguaje. No dices: "No voy a leer esta carta porque habla de cosas que no entiendo". La entiendes perfectamente. Por lo tanto, cuando leemos acerca de un ángel envuelto en nubes, si somos estudiosos de la Biblia sabemos que esas nubes no son de lluvia. No es una nube formada de agua; es otro tipo de nube.

En los tiempos de Israel, había una nube de día y una columna de fuego por la noche. Era la *shekiná* de la presencia de Dios (su gloria). Y cuando Jesús fue llevado a los cielos, una nube le ocultó a los ojos de los discípulos. De nuevo, dice: "He aquí que viene con las nubes, y todo ojo le verá, y los que le traspasaron" (Ap. 1:7). Esto es lo que significa la nube; es la manifestación visible y la expresión de la gloria del Dios invisible.

Cuando la criatura sale del trono de Dios, lleva consigo parte de la gloria que le pertenece, algo del esplendor y la belleza que pertenecen a Dios. El trono de Dios se adhiere al ángel poderoso cuando se aleja del lugar que ocupa junto al trono divino hasta el lugar al que llega en la Tierra. A su alrededor flota el aura majestuosa de la presencia de Dios.

Aunque este ángel poderoso no es nuestro Señor Jesucristo, Cristo se percibe a través de todo esto. A nuestro Señor se le llama en cierto pasaje el ángel del pacto, pero dado que la palabra "ángel" significa "mensajero", este ángel del capítulo 10 es otro mensajero poderoso que desciende del cielo envuelto en una nube.

Los siete truenos

No sé gran cosa sobre este librito (rollo) de Apocalipsis 10, de modo que no pienso dedicarle mucho tiempo. Creo que Dios controla los libros de su pueblo. Leo sobre el libro de la vida y el libro de las crónicas en los que se encuentran escritas las obras malas de la humanidad. Leo en Apocalipsis 5 sobre el título de propiedad del mundo. Por consiguiente, el gran Dios de los cielos lleva libros. Y aquí tenemos un librito que el ángel tiene en la mano. Quizá más tarde nos enteremos de lo que es, pero el ángel clama con una gran voz.

Levantó su mano hacia el cielo. Me gustan las personas o las criaturas que pueden hacer algo con una finalidad. Nosotros examinamos las cosas, experimentamos, probamos. Somos débiles, intentamos hacer cosas que nunca acabamos. "¡Somos hombres tan pequeños cuando salen las estrellas!", dijo el poeta Hermann Hagedorn. Pero aquí tenemos a alguien que desciende, levanta la mano y clama a gran voz; es decir, grita como ruge un león. Cuando hubo clamado, siete truenos dejaron oír sus voces. Esos siete truenos le dijeron algo inteligible a Juan. Este tomó su pluma y comenzó a anotar lo que le dijeron los truenos:

> Cuando los siete truenos hubieron emitido sus voces, yo iba a escribir; pero oí una voz del cielo que me decía: Sella las cosas que los siete truenos han dicho, y no las escribas. Y el ángel que vi en pie sobre el mar y sobre la tierra, levantó su mano al cielo, y juró por el que vive por los siglos de los siglos, que creó el cielo y las cosas que están en él, y la tierra y las cosas que están en ella, y el mar y las cosas que están en él, que el tiempo no sería más (vv. 4-6).

Le damos mucha importancia al hecho de que el tiempo ya no existirá más. En nuestros himnos y canciones evangélicas cantamos sobre la esperanza de aguardar ese día o periodo en que el tiempo ya no existirá, pero en realidad lo que dijo ese gran ángel, ese ser poderoso y resplandeciente, es que ya no habría más demora.

Entenderemos esto si vamos a un partido de baloncesto o de béisbol. Lo único que debe hacer alguien es decir: "¡Tiempo!", y todo se para. Nadie puede marcar, ni correr, ni hacer nada. Dicen: "¡Un momento, hay una pausa en el juego!". Por consiguiente, la secuencia del juego se para unos instantes, se produce un paréntesis, un periodo de espera. Esto es lo que tenemos ahora en el libro de Apocalipsis. Estamos en un periodo de espera, cuando de repente este gran ángel desciende de los cielos y clama anunciando a la Tierra y a todos que ya nadie puede pedir tiempo muerto: la demora no será larga.

La fe se pone a prueba cuando se pide "tiempo"

Esta es una gran prueba de fe para el mundo, pero también un gran obstáculo, cuando Dios ha prometido tanto. Lee la Biblia. Remóntate a Génesis y lee el libro completo, y verás cuánto ha prometido Dios por medio de profetas, santos, sabios, videntes, apóstoles y nuestro propio Señor, pero se ha pedido un tiempo muerto. La máxima prueba de la fe es ver si podemos esperar en Dios, no apresurar las cosas esperando resultados y actos inmediatos.

Ahora vivimos en la era de pulsar botones. Vivimos en un periodo en que queremos que las cosas se hagan ya. Antes la gente podía esperar uno o dos días, o incluso una semana, en una diligencia. Ahora se impacienta si pierde dos segundos en una puerta giratoria. Lo que queremos lo queremos ya mismo, y no nos gusta que nadie nos lo niegue. Dios no se mueve así, y la fe no siempre consigue las cosas inmediatamente.

La diferencia entre la fe tal como aparece en las Escrituras y la fe como la concebimos es que, para nosotros, la fe es una especie de magia. Queremos algo y oramos, ponemos fe y extendemos las manos, y lo conseguimos ya. Cuando oramos obtenemos ya algunas cosas, pero existe otro tipo de fe, a largo plazo, telescópica, que ve las eras y puede esperar en Dios. Las iglesias tuvieron que esperar mucho, mucho tiempo. Dios ha prometido muchas cosas y su pueblo ha esperado muchísimo tiempo, y ha levantado su clamor: "¿Cuánto tiempo, Señor, cuánto tiempo?".

Ahora ese ángel majestuoso clama con la voz de un león, y le escuchan tres mundos. El cielo le escucha y asiente; el infierno le escucha y teme; la Tierra le escucha y se alegra. Este ángel poderoso dice: "Ya no tendrán que esperar mucho, porque el tiempo ya no existe". Ya no hay demora; eliminamos del juego el cartel de "tiempo". Ahora avanzamos hacia el final sin más tardanza.

Dios prometió a Abraham muchas cosas que aún no ha cumplido. Abraham murió sin verlas todas, y fue sepultado en la cueva de Macpela, y más tarde enterrado junto al cuerpo marchito de su esposa Sara. El polvo de Abraham y Sara sigue revoloteando en algún lugar, quizá en Asia Menor, la tierra que Dios entregó a Abraham, a Isaac y a Jacob. Dios dijo: "Abraham, bendeciré a toda la tierra por medio de ti y de tu simiente. Te daré toda esta tierra desde este extremo norte hasta el sur, y del río hasta el mar, más allá del río. Todo te lo daré".

Nunca ha habido un momento en que los descendientes de Abraham hayan tenido todo esto. Tuvieron una parte, a veces más y otras menos, pero nunca lo tuvieron todo. De modo que Abraham sigue aguardando. Dios ha dicho: «Abraham, tendremos que pedir un poco de "¡tiempo!", y demorar las cosas. Tengo que dejar que el árbol madure». Abraham ha estado esperando, pero puede permitírselo. Ese hombre que, cuando tenía cien años, pudo mirar confiado a Dios y creer que su esposa, de 90 años, podría tener un hijo, no tiene problemas con la fe. Isaac nació por fe, según la voluntad de Dios.

Luego tenemos a David. ¡Oh, cómo amó Dios a David! David fue un ser humano y actuó como alguien sometido a presión. David conoció un arte que ignora el ser humano medio:

el glorioso arte del arrepentimiento. Podía arrepentirse como pocos hombres han podido hacerlo desde los inicios del mundo. David podía pecar intensamente, pero también llorar como pocos.

La mayoría de los salmos mesiánicos nos hablan del Rey en su gloria, que viene a sentarse en su trono, y cómo los pueblos del mundo se reunirán ante Él y la paz reinará en toda la Tierra. Esto no es mera poesía: es la historia escrita previamente. Dios ha dicho que será así.

Lo vemos aquí, y lo vemos antes de tiempo; es la historia escrita previamente. "Porque David dice de él: Veía al Señor siempre delante de mí; porque está a mi diestra, no seré conmovido. Por lo cual mi corazón se alegró, y se gozó mi lengua, y aun mi carne descansará en esperanza; porque no dejarás mi alma en el Hades, ni permitirás que tu Santo vea corrupción. Me hiciste conocer los caminos de la vida; me llenarás de gozo con tu presencia" (Hch. 2:25-28).

Pedro dijo: "Hermanos, sepan que David murió, y ahora duerme. Esto es algo que sabe toda la casa de Israel, que David duerme" (ver Hch. 2:29). ¿Ha olvidado Dios a David? Isaías, el hombre con voz de órgano, que era capaz de darlo todo y hacer que el cielo escuchase las grandes melodías cuando hablaba de Aquel que es maravilloso, Consejero, Padre eterno, Príncipe de paz, y que vendría y la ley saldría de Jerusalén, y que el Verbo del Señor saldría de Sion y todas las naciones de la Tierra vendrían a Israel. ¿Crees que Dios ha olvidado las promesas que hizo por medio de Isaías?

Daniel oró siempre así, ayunando y buscando la voluntad de Dios y reconociéndole en sus caminos. ¿Crees a este hombre, a quien Dios prometió que vendría una roca del cielo y golpearía la tierra, y crecería hasta que llenase todo el mundo? ¿Supones que Dios ha olvidado todo esto? Nosotros lo hemos olvidado. Hemos centrado nuestras mentes en otras cosas.

Pienso en la Iglesia, y la única manera en que podemos saber dónde estamos es conociendo un poco de la historia eclesial. Todo el mundo debería comprar un libro sobre historia de la Iglesia, aunque fuera una sinopsis. Luego recomiendo la lectura de las biografías de grandes cristianos de la historia. Es una buena cura contra las nuevas ideas que puedan surgir. Está bien estudiar y ver cómo la Iglesia, y sobre todo los mártires, murieron con la apacible fe de que en la casa de su Padre todo estaría bien. Siguen esperando. Dios dice "¡tiempo!", y ellos esperan.

Ahora, en Apocalipsis 10, sucede. "Y el ángel que vi en pie sobre el mar y sobre la tierra, levantó su mano al cielo, y juró por el que vive por los siglos de los siglos, que creó el cielo y las cosas que están en él, y la tierra y las cosas que están en ella, y el mar y las cosas que están en él, que el tiempo no sería más" (vv. 5-6). Juró que el tiempo ya no sería más. Se acabó la espera, y ahora la rueda de la justicia de Dios se pone en marcha.

La copa de la ira se estaba llenando. Esto es lo que les pasa a los seres humanos. Pecamos, pecamos y pecamos, y pensamos que a lo mejor Dios no se entera mucho o al menos no parece enterarse. Pero el pecado se va acumulando. Cuando llega hasta un punto en que se derrama, cae el juicio de Dios.

Las naciones de este mundo han ido acumulando sus pecados. Hubo un día en que la copa de la ira se fue llenando para el mundo, y el justo juicio de Dios estaba a punto de caer, y entonces la víctima propiciatoria abrió de par en par las puertas del cielo y se entregó a la muerte. Se ofreció a sí mismo en una cruz, y Dios dijo: "¡Tiempo!", y declaró que "mientras MI Hijo ruegue a mi diestra, y la gracia esté operativa, no llegará el fin de la raza humana. No habrá juicio final". Tú y yo vivimos en un periodo en que se ha declarado: "¡Tiempo!", pero el gran ángel se acerca.

Por qué Dios sigue dándonos tiempo

No sé si el ángel vendrá pronto, pero vendrá, y dirá: "Ya no hay tiempo. Ha acabado la espera" (ver Ap. 10:6). Las ruedas empezarán a girar, y durante este tiempo Dios está sacando del mundo a un pueblo para su nombre.

La Iglesia no puede ser un teatro religioso donde unos hombres asalariados actúan para la diversión religiosa del pueblo que les paga. La Iglesia es una reunión de personas redimidas que han sido llamadas fuera del mundo, y a las que se llama por el propio nombre del Señor. Además, Él saca del mundo a un pueblo para su nombre y el tiempo aguarda mientras la gracia está activa.

El Señor dice que sacará de entre las naciones un pueblo para su nombre y que, después de eso, volverá. Yo he decidido creer esto. No voy a permitir que nadie me convenza de lo contrario. Creo que eso es cierto. Pronto el tiempo habrá terminado; y cuando esto sea así, nuestro Señor volverá; y cuando vuelva, la gran pregunta será: ¿Estamos listos para su venida? No creo que estemos todavía preparados.

Aún tenemos tiempo para prepararnos

Creo que nuestro Señor está esperando, pero en un momento ese ángel poderoso con voz potente descenderá del cielo de Dios con un arcoíris sobre su cabeza, un rostro como el sol y sus pies como columnas de fuego. Se plantará sobre el mar y sobre la tierra, levantará su mano hacia el cielo y jurará que se ha acabado la espera; y entonces Dios juzgará a un mundo que no se ha preparado para el juicio, un mundo empantanado en la iniquidad. Un mundo más interesado en los juegos y los placeres que en disponerse para recibir a Dios.

Ahora, en un lugar secreto, una Esposa se prepara para nuestro Señor. No creo ni por un instante la idea de que existe un aspecto legal automático, que si ya dispones de tu ciudadanía celestial ya no tengas que hacer nada. Dios no permitirá que sus hijos carnales, lascivos, amantes del dinero y del placer, acudan corriendo como enloquecidos, cantando temas de góspel, a la presencia del Dios santo. Debe suceder algo radical que los libere de sus apetitos carnales.

El Dios que es santo dijo: "Sed santos, como yo soy santo" (1 P. 1:16). Yo creo que Dios preparará a su pueblo, y les dirá: "Dense un baño. No un baño con jabón, detergente y agua, sino con la sangre de Jesucristo, como de un cordero sin mancha ni contaminación". Pese a que un hombre sea un impostor, puede abrirse camino en los círculos religiosos del momento, hacer el bien y tener éxito. A pesar de ser un fraude, puede hacerlo. Podemos erguir la barbilla y abrirnos paso, pero hay un lugar donde no podrás entrar así. Me alegro de que exista un lugar santo donde no se te permitirá salirte con la tuya.

No me preguntes qué dijeron los siete truenos, porque estaban sellados (ver Ap. 10:4). Nadie sabe lo que dijeron esos siete truenos. Pero una cosa podemos saber: dijeran lo que dijesen, no fue nada a favor del diablo, del pecado o del infierno, ni tampoco de los orgullosos. Y puedes estar seguro de que lo que dijeron fue a favor de Dios, de Cristo, la justicia y la santidad.

Yo estoy dispuesto a esperar que Dios abra los siete sellos cuando Juan diga: "Esto es lo que me dijeron los siete truenos". Pero teniendo 66 libros en la Biblia, no me preocupa mucho lo que dijeron los siete truenos; me preocupa mucho estar preparado cuando las ruedas del juicio empiecen a girar y la copa de la iniquidad esté tan llena que Dios no pueda soportarlo y la derrame en juicio.

¿Cómo estás tú? ¿Estás listo? ¿Estás en paz con todos? ¿Cómo está tu vida? ¿Tienes hábitos que deberías abandonar?

¿Has discutido con alguien, mentido al hablar de otros, murmurado de otros y no lo has arreglado? ¿Has olvidado una deuda? La deuda está prescrita, y ya no pueden cobrarla.

Listo

A. C. Palmer (1845-1882)

Listo para sufrir angustia o dolor,
listo para pasar la prueba,
listo para quedar en casa y enviar
a otros si Él lo pide.

Listo para ir y soportar,
listo para velar y orar;
listo para apartarme y ceder,
hasta que Él abra el camino.

Listo para hablar, para pensar,
listo con mente y corazón;
listo para estar donde Él me pida,
listo para soportar la carga.

Listo para hablar, para advertir,
listo para rogar por las almas;
listo en la vida, en la muerte listo,
listo para su regreso.

Listo para ir o para quedar,
listo para estar en mi lugar;
listo para el servicio, grande o no;
listo para hacer su voluntad.

17

LA CIUDAD SANTA Y LA BENDITA ESPERANZA

Dios eterno y Padre de nuestro Señor y Salvador Jesucristo, me postro ante ti esperando tu gloriosa majestad. No tengo mi esperanza en este mundo, sino en aquel que has preparado para mí y para todos aquellos que esperan tu aparición. Concédeme paciencia mientras este mundo sigue rodando en un ciclo de monotonía. Amén.

El propósito de este libro ha sido alertar a los cristianos sobre los tiempos, de modo que se preparen para el regreso de Jesús. No me he centrado deliberadamente en los elementos dramáticos de la profecía que solo parecen alimentar a los curiosos de la religión; más bien mi objetivo ha sido alimentar esa bendita esperanza del creyente. Muchos se decepcionaron con la profecía cuando determinados acontecimientos no se cumplieron conforme señalaron algunos maestros. En su mayor parte, estaban centrados en el mundo. Sin embargo, Abraham, el anciano hombre de Dios esperaba "una ciudad... cuyo arquitecto y constructor es Dios" (He. 11:10). Los hombres como Abraham captaron un atisbo de esa ciudad y perdieron todo interés por las cosas terrenales.

Una vez Abraham captó un atisbo de esa ciudad, fue imposible moverlo de su tienda. Se centró en esa ciudad, y en este mundo ya nada captaba su interés. Después de todo, ¿cómo se puede comparar cualquier cosa de este mundo, sucia por el pecado, con esa santa ciudad?

Alguien podría haberse acercado a Abraham y haberle preguntado si le gustaría trasladarse a una ciudad, como hizo su sobrino Lot. Abraham hubiera sonreído y, con cierta mirada perdida en la distancia, hubiera dicho: "Sí que busco una ciudad, pero una cuyo arquitecto y constructor es Dios". Nos resulta difícil explicar esa ciudad a quienes nunca han tenido la misma visión que tuvo Abraham. Después de todo, las palabras no pueden transmitir la majestad de esa ciudad. El ser humano, en su máxima expresión, no tiene nada comparable a esa ciudad.

Dios preparó para el hombre la ciudad sobre la que escribe Juan. Jesús dijo: "En la casa de mi Padre muchas moradas hay; si así no fuera, yo os lo hubiera dicho; voy, pues, a preparar lugar para vosotros. Y si me fuere y os preparare lugar, vendré otra vez, y os tomaré a mí mismo, para que donde yo estoy, vosotros también estéis" (Jn. 14:2-3). Podríamos, como han hecho muchos, discutir sobre la Palabra "moradas" y qué significa realmente aquí. O podríamos centrarnos en el hecho de que Jesús ha prometido ir y preparar un lugar para nosotros. Definir y describir ese "lugar" agota la imaginación de todos los hombres a este lado de la eternidad.

La gloria del hombre

Quizá el mayor obstáculo para nuestra visión de esa nueva ciudad preparada para nosotros es que tenemos un concepto pobre del ser humano. Nuestra imagen del hombre está envuelta en la maldad y en la depravación. El profeta Jeremías escribió: "Engañoso es el corazón más que todas las cosas, y perverso; ¿quién lo conocerá?" (Jer. 17:9). Todo lo que sabemos relativo a la humanidad son los adjetivos "engañoso" y "perverso". Aunque el hombre cayó, no olvides nunca que Dios, al hacer a Adán, creó una obra maestra.

Una de las glorias supremas del hombre es que es polifacético. Puede ser, hacer y amar muchas cosas. No está obligado a

184

ser una sola cosa, como la mayoría de los otros seres creados. Una piedra es una piedra, una estrella es una estrella, y una montaña es una montaña. Pero el hombre es el gobernador supremo de la causa y el efecto. Puede ser amo o siervo, hacedor y pensador, poeta y filósofo. El hombre, creado por el Dios todopoderoso, no es una máquina creada solo para hacer una cosa. No, el ser humano es un diamante con muchas facetas, destinado a reflejar la bondad del Creador. Puede amar muchas cosas y, si ama a Dios sobre todo, nadie sale perdiendo. Por supuesto, la clave estriba en poner a Dios por delante de todo. El sol brilla sobre todo el prado, independientemente de lo que haya en él (un monte, un valle, un río), y ninguna criatura cae en el olvido.

La gloria del hombre también se percibe en el hecho de que está preparado tanto para la soledad como para la sociedad. Cualquier persona normal gusta de ambas cosas. "Entra en tu aposento" (Mt. 6:6); "no dejando de congregarnos" (He. 10:25). Toda persona normal debe tener un tiempo para estar a solas, para conocerse a sí misma y comprender sus pensamientos internos, aspirar, soñar y mirar el futuro hasta donde alcance su vista. Como escribió George Gordon Byron (1788-1824):

Hay placer en los bosques sin senderos,
y alegría en la playa solitaria;
hay compañía, donde nadie perturba,
junto al mar profundo, y música en su rugido;
no amo menos al hombre, sino más la naturaleza,
al tratar así con ella, en las que hurto
de lo que yo pueda ser, o haya sido antes,
para unirme al universo, y sentir
lo que no puedo expresar mas no puedo ocultar.

Igual que toda acción provoca una reacción (la marea, la luna, el día, la estación del año), el hombre se enfrenta a los de su clase. Este es el motivo de que existan grupos sociales. Tanto si son dos personas que se hacen mutua compañía en una cabaña aislada en las colinas, o en una gran ciudad donde moran millones de personas, a la gente le gusta la compañía de sus semejantes.

La nueva humanidad

Idealmente, fuimos creados unos para otros. Sin embargo, el pecado ha entrado en escena con codicia, odio, poder y lujuria, para destruir la gloria de este tipo de sociedad. En el huerto del Edén, Dios tuvo la intención de que el hombre no viviera solo, porque no era bueno que así fuera. De modo que Dios unió a Adán y Eva, y formó la primera sociedad. ¡Qué sociedad debió ser, sin la mancha del pecado que hoy lo ensucia todo!

Creo que en el estado de perfección final, sin pecado, la nueva humanidad vivirá en el disfrute perfecto de la compañía mutua. Esto es lo que encontramos en Apocalipsis 21. Juan la llama la nueva Jerusalén.

En esa sociedad bendita, habrá algunos aspectos de los que no disfrutamos hoy pero que Dios quiso que tuviéramos desde el principio. Todo el mundo apreciará a los demás por lo que son. Nadie sentirá celos de nadie. Nadie mirará a otro y codiciará sus bienes. Nadie intentará someter a otros a la esclavitud. Nadie sospechará de otros algo espantoso y les llevará ante un tribunal.

No habrá barrios bajos. ¡Cómo se degradan nuestras ciudades por este problema, que parece ir en aumento con cada generación! Hay un motivo por el que tenemos barrios pobres, y esa razón es el pecado, simplemente. Si pudiésemos borrar el pecado de nuestra sociedad, los barrios bajos desaparecerían de la noche a la mañana.

Otra característica de esta nueva Jerusalén es que el orgullo no se pavoneará mientras el hambre se pasea por los barrios pobres. Hoy día hay muchísimas personas orgullosas de sus éxitos, que se golpean el pecho y cuyos nombres aparecen en publicaciones. Mientras tanto, al otro lado de la ciudad, en los barrios pobres, la gente muere de hambre.

¿Quién osará negar la conveniencia de esta nueva Jerusalén? Nadie que ame a la humanidad lo hará. La nueva Jerusalén eliminará todos los aspectos negativos de la humanidad. A lo largo de toda la historia, todos los soñadores sociales han buscado esto. Muchos grandes hombres han intentado llevar a cabo la regeneración social. La mayoría ha fracasado. Parece que cada generación degenera más que la anterior. Los hombres se han esforzado por intentar acabar con las facetas negativas de la humanidad, pero no ha servido de nada; estamos peor que antes.

La humanidad no ha conseguido la ciudad ideal, pero Juan el Revelador la vio descender de los cielos. "Y yo Juan vi la santa ciudad, la nueva Jerusalén, descender del cielo, de Dios, dispuesta como una esposa ataviada para su marido" (Ap. 21:2).

Esta es la ciudad que vieron los hombres de fe a través de las edades. Abraham, David, el apóstol Pablo, los mártires de la Iglesia... todos vieron esta ciudad que Juan describe aquí. Está preparada como una esposa ataviada para su marido. Es la Esposa del Cordero. La ciudad se describe como una urbe que reluce con la luz que refleja, que es la gloria de Dios.

La nueva Jerusalén, que satisface a todos

La ciudad que esperamos satisfará todos los deseos de la naturaleza humana. Dios creó al hombre con una naturaleza determinada, que en esta vida se ve coartada por el pecado. El pecado nos ha arrebatado a ti y a mí esta humanidad que creó Dios. Pero en esta nueva Jerusalén se manifestará plenamente la naturaleza humana creada por Dios. Será un momento de celebración, cuando toda persona se dé cuenta de cuál es el alcance y el propósito para el que fue creada.

La sociedad de esta nueva Jerusalén será exactamente lo que Dios pretendió que fuese en los días del huerto del Edén. No existirá la pereza, porque Dios creó al hombre para que trabajase. Incluso Jesús, durante su ministerio terrenal, fue conocido por ser un trabajador que hacía bien sus obras. En esta nueva ciudad no habrá pereza, sino que el ser humano ejercitará el grado sumo de su humanidad, haciendo cosas que reflejen la gloria del hombre, que en realidad refleja la gloria divina por medio de él.

La soledad será un gran placer, casi como esa antigua canción sobre el cielo, *50 Miles of Elbow Room* ("80 km de espacio para moverse"). El hombre podrá explorar hasta el máximo grado de su naturaleza los placeres de la soledad y de la reflexión. Hoy día las personas necesitan mucho espacio para reflexionar.

Entonces, en la nueva ciudad, habrá permanencia. En nuestra sociedad actual la permanencia no existe. Lo que está de moda hoy seguramente será obsoleto mañana y todos lo olvidarán. En nuestra sociedad no hay nada permanente. En cuanto luchas por obtener un placer y lo alcanzas, el placer se acaba y el ciclo comienza de nuevo. En esta nueva ciudad existirá una permanencia que solo Dios puede dar.

La belleza formará parte de la nueva ciudad. En las calles de esta nueva Jerusalén nada será desagradable. La belleza procederá del artista maestro, el propio Dios. Habrá belleza, pero no exquisitez superflua; la belleza inundará toda la ciudad.

Habrá una música que eleve el alma hacia Dios. Buena parte de la música que escuchamos a este lado de la nueva Jerusalén es, como poco, divisiva. No hay un solo tipo de música que encante a toda una sociedad. La música está repartida en pequeñas piezas por un lado y por otro; pero en la nueva Jerusalén la música será lo que bendecirá a todos sus habitantes.

Un aspecto de la nueva Jerusalén que espero especialmente es el de la música. La música siempre ha formado parte integral de mi adoración cotidiana. No pasa un día sin que abra mi himnario y, desafinando un poco, cante uno de los grandes himnos de la Iglesia. Mi himnario solo es superado por mi Biblia, y la mayor parte del tiempo tengo ambas cosas a mano. No hay nada como un himno para encauzar mi corazón en la dirección correcta.

La música del cielo, la nueva Jerusalén, será un aspecto importante de nuestra adoración extática dirigida al que está sentado en el trono. Como contraste directo, hoy día la música sirve para dividirnos en la Iglesia. Allí, en aquella majestuosa ciudad, la nueva Jerusalén, la música tendrá una naturaleza tal que nos pondrá en armonía absoluta unos con otros, una experiencia desconocida a este lado de la eternidad. A lo largo de los años, la Iglesia de cada generación ha mostrado su ingenio en el arte de la división. El vehículo de las divisiones no solo ha sido la teología, sino también la música.

La música en la nueva ciudad producirá un acorde de adoración interior que hoy día no se puede ejecutar. Esa música conmoverá nuestros corazones. No será el estilo de música lo que defina la adoración celestial, sino el Objeto de esa música. Todo el mundo estará en la misma onda. Hoy día, la batalla sobre la adoración y la música ha fracturado hasta tal punto el Cuerpo de Cristo que solo se podrá remediar en la nueva Jerusalén.

Anhelo ese momento. A menudo me cansa la dicotomía de ruido que pasa por música en muchas iglesias, conferencias bíblicas y campamentos. En mi opinión, la música actual de la Iglesia la pueden disfrutar y apreciar tanto los santos como los pecadores. En la nueva Jerusalén, solo los redimidos apreciarán los acordes musicales dirigidos al trono. Incluso los ángeles guardarán silencio maravillados cuando los redimidos canten al Cordero el himno del alma liberada.

¡Qué instante más maravilloso será cuando todas las almas de los redimidos por el Cordero se vean libres de las cargas carnales de este mundo! Libres del "engaño" y la "perversidad" que han afectado a la humanidad desde los tiempos de Adán y Eva. Los sonidos serán puros, santos y melodiosos a los oídos de Aquel sentado en el trono, el único que importa.

Normalmente, hoy cantamos para complacernos. Entonces nuestro cántico será solamente para agradar a Aquel cuyos oídos son puros, santos y justos. Será la música de quienes habrán sido perfeccionados como Él es perfecto. ¡Vaya coro! No hay nada que se le pueda comparar a este lado de la nueva ciudad.

La belleza de esa nueva Jerusalén será majestuosa, como la hermosura del mundo. Cuando uno sobrevuela el Gran Cañón, puede apreciar la belleza impresionante de la naturaleza. Nadie puede crear belleza como lo hace nuestro Creador.

La vida en la nueva Jerusalén será diferente. Allí la vida será sin pecado. Todo el mundo estará a salvo de la maldad del hombre malvado. No habrá maldad alguna que transite por las calles de aquella ciudad. El pecado será expulsado para siempre, y el ser humano vivirá en medio de la belleza de la santidad y el amor de Dios. Hoy día no podemos caminar por las calles de ninguna ciudad sin temor a que nos ataquen o nos roben. En aquella nueva ciudad, ese temor no afligirá a la sociedad. La maldad habrá desaparecido porque en esa ciudad no habrá malvados. No podemos definir la maldad sin apuntar a algún hombre. La maldad es el resultado de un hombre malvado; esta nueva Jerusalén no contendrá un solo hombre malo y, por lo tanto, la maldad será ajena a esa ciudad.

La vida en la nueva Jerusalén carecerá de artificialidad. Nos veremos libres del aburrimiento del hombre insensato. Ya no estaremos sometidos a las historias aburridas de parientes que no han pensado nada inteligente en décadas. En la nueva ciudad habrá hombres y mujeres con mentes despiertas, con cerebros a pleno rendimiento. ¡Imagínate qué conversaciones más inteligentes!

Juan dice: "He aquí el tabernáculo de Dios con los hombres, y él morará con ellos; y ellos serán su pueblo, y Dios mismo estará con ellos como su Dios". En esa ciudad no habrá un templo local; Dios mismo será el templo.

Todos los que entran en la nueva ciudad son aquellos cuyos nombres han sido inscritos en el libro de la vida del Cordero. Son hombres y mujeres que han vivido la bendita esperanza durante toda su vida, y han puesto su estilo de vida en consonancia absoluta con Dios. La bendita esperanza nos señala la dirección de aquella ciudad eterna, la nueva Jerusalén.

En la orilla tormentosa del Jordán estoy
Samuel Stennett (1727-1795)

En la orilla tormentosa del Jordán estoy,
y con mirada anhelante contemplo
la feraz y alegre tierra de Canaán,
donde está mi heredad.

¡Oh, qué escena estimulante y gozosa
se presenta ante mis ojos!
¡Dulces campos de verde vestidos
y arroyos de contento!

Allí crecen frutos generosos sin medida
en árboles inmortales;
allí rocas, colinas, arroyos y valles
destilan leche y miel.

Sobre las llanuras inabarcables
reluce el día eterno;
allí Dios Hijo para siempre reina
y la tiniebla ahuyenta.

El viento frío o el hálito mortal
jamás alcanzará la orilla santa;
la enfermedad y la pena, el dolor y la muerte
ya no se sentirán ni temerán más.

¿Cuándo alcanzará ese lugar feliz
donde seré bendito para siempre?
¿Cuándo veré el rostro de mi Padre
y reposaré en su seno?

Mi alma arrebatada, repleta de deleite,
no quiere más demoras;
si las olas del Jordán en torno a mí rugen,
sin miedo zarparé.

Mi destino es la tierra prometida,
mi destino es la tierra prometida;
¡Oh!, ¿quién querrá acompañarme?
Mi destino es la tierra prometida.

18

VIVE CADA DÍA LA BENDITA ESPERANZA

¡Oh, Cristo de la bendita esperanza! ¡Cómo te anhelamos! El mundo que nos rodea nos ha hecho cansarnos de la carne. Estamos cansados de la carne, el mundo y el diablo, y anhelamos ir al hogar. Este mundo no es nuestro hogar, y sentimos nostalgia por estar en tu presencia. Sí, ven, Señor Jesús. Amén.

Ninguna tesis, por extensa que sea, puede ofrecer un tratamiento exhaustivo de un tema. Algunos libros que pretenden ser exhaustivos lo único que hacen es cansar. Yo ni me he acercado a agotar el tema del regreso de Jesús en el libro de Apocalipsis. El enfoque que he intentando mantener es que el propósito de la profecía no es meramente el de alarmarnos, sino el de alertarnos ante la verdad maravillosa de la bendita esperanza. Hoy puede ser el día en que Él vuelva; este es el lema del cristiano.

Podríamos decir más cosas, incluso con más elocuencia que en estas páginas. Pero estas cosas se han escrito para alertarnos ante la era de la bendita esperanza. A nuestro alrededor tenemos evidencias del regreso inminente de Jesús. Cada día deberíamos fijar la mirada en Aquel que viene. Nuestro énfasis en la bendita esperanza es la disciplina más importante de nuestra vida cristiana.

Lo que nos motiva determina en qué acabaremos convirtiéndonos. A algunos les motiva la acción física y a otros la actividad intelectual. Creo que la única motivación correcta para el cristiano se aprecia en esta bendita esperanza de la que he escrito. Todo lo que hay en nuestra vida cotidiana debe verse imbuido de una pasión insaciable por el pronto regreso del Señor. Como escribió Albert E. Brumley (1905-1977) en "Este mundo no es mi hogar":

Este mundo no es mi hogar, solo de paso estoy;
mis tesoros yo los guardo más allá del cielo azul.
Los ángeles ya me llaman desde la puerta celestial,
y en este mundo no hay nada que me pueda saciar.

Un interés saludable en la profecía bíblica no es una curiosidad casual o caprichosa. Hay muchos cristianos adictos a las conferencias o talleres bíblicos donde escuchan enseñanzas sobre la profecía bíblica. En su mayor parte, tales enseñanzas no transforman la vida de nadie; y, aunque disfrutamos del tiempo que dedicamos a estudiar las Escrituras sobre este tema, luego volvemos a la vida como era antes, sin vernos afectados por la verdad. La bendita esperanza debe ser contagiosa en nuestra vida cotidiana. Debe ser tan esencial como el aire que respiramos.

Empecé este libro sobre profecía bíblica hablando de ser prudente y valiente. Debemos tener la prudencia de no permitir que nuestro estudio se aparte de Jesucristo. Además, debemos tener el valor de mantener a la vista el propósito central de la bendita esperanza, y no quedarnos atrapados en el cenagal de las trivialidades religiosas.

Mantente centrado en el corazón de la verdad

Un área en la que muchos son descuidados es la actitud que tienen hacia la profecía bíblica. Hay dos paradigmas que quisiera subrayar: uno dogmático y otro clemente.

Muchas personas han llegado al punto de ser extremadamente dogmáticas sobre lo que creen y, si no crees exactamente lo mismo que ellas, quedas "excomulgado" de su comunión. Ahora bien, sí hay algunas cosas sobre las que soy muy dogmático y sobre las que no cederé terreno ante nadie. Son los valores esenciales para el cristianismo que representan el corazón de la verdad en todas las generaciones de cristianos. Este núcleo de la verdad es el centro del cristianismo, y define nuestra comunión en todas las generaciones.

Cuando era más joven, sobre todo cuando era un predicador joven, tenía una larga lista de cosas sobre las que era dogmático. Había muchas cosas que me negaba a dejar pasar. Ahora, al echar la vista atrás, siento un poco de vergüenza de mí mismo. Cuanto más mayor soy, menos dogmático me muestro respecto a determinadas cosas.

Sin duda que soy dogmático cuando hablamos de la deidad de Jesucristo, su nacimiento virginal, la expiación por su sangre, su resurrección corporal y la inerrancia de las Escrituras. Podría añadir una cosa más a esa lista, y sería la bendita esperanza. Creo dogmáticamente que Jesucristo volverá.

Una vez que me aparto de esas seis áreas en las que soy muy dogmático, debo ejercer lo que yo llamo clemencia. Defino mi comunión según estos valores esenciales, pero, una vez que me aparto de ellos, no intentes etiquetarme. ¿Opiniones? Sí, tengo muchas opiniones. Pero, a medida que envejezco, me he vuelto menos dogmático sobre mis opiniones. Una persona que es dogmática sobre muchas cosas acabará cayendo en lo que yo llamo "testarudez egocéntrica". Esta persona acaba pensando que, en cierta medida, es infalible.

El dogmatismo sobre cosas equivocadas reviste un gran peligro, sobre todo en el área de la profecía bíblica. Déjame darte una ilustración para explicar lo que quiero decir. Digamos, por ejemplo, que estoy en la ciudad de Nueva York. Son las doce del mediodía y telefoneo a mi amigo John, que vive en Los Ángeles.

—Hola, John. ¿Qué tal por Los Ángeles?

Charlamos un poco, y luego formulo a John esta pregunta:

—John, ¿qué hora es ahí?

John me dice que son las nueve de la mañana. Con una actitud muy dogmática, le digo que se equivoca por completo.

—John, ahora mismo estoy mirando mi reloj, y aquí, en Nueva York, son las doce del mediodía.

—Pero, hermano Tozer —dice John—, yo estoy en Los Ángeles, y aquí solo son las nueve de la mañana. Ahora mismo estoy consultando mi reloj, y son las nueve.

Para empeorar las cosas, justo cuando le estoy explicando dogmáticamente a John, que está en Los Ángeles, qué hora es de verdad, me telefonea el hermano Tom, desde Londres, en Inglaterra, y me dice que allí son las cinco de la tarde.

—No puede ser —objeto—. Hermano Tom, ahora mismo tengo el reloj delante y me dice que son las doce del mediodía. Estoy en Nueva York, una de las grandes ciudades del mundo. No puedo estar equivocado.

Oigo cómo el hermano Tom suelta una risita al otro extremo de la línea telefónica, y dice:

—Hermano Tozer, yo estoy en Londres, Inglaterra, contemplando la hora del Big Ben, y el Big Ben nunca miente; son las cinco de la tarde.

Ninguno de nosotros tiene razón. Los tres somos dogmáticos sobre qué hora es. Disponemos de relojes que nos dicen exactamente qué hora es. ¿Son las doce, como insisto yo? ¿O tiene razón el hermano John, en la Costa Oeste de Estados Unidos, cuando dice que son las nueve de la mañana? ¿Y qué hay del hermano Tom? ¿Miente alguna vez el Big Ben?

Es una ilustración un poco tonta, pero demuestra lo estúpido que es mostrarse dogmático en ciertas cosas. Esto me lleva a una pregunta muy seria: ¿cuándo volverá Jesús? A una persona dogmática le cuesta mucho aceptar el hecho de que tiene razón y al mismo tiempo está equivocada. Cuando hablamos de la profecía bíblica, esto es lo que pasa. La posición que adoptes sobre el regreso de Cristo puede diferir dependiendo de dónde te encuentres.

Cuando estoy en Nueva York, la hora es distinta a la de mi amigo que se encuentra en Los Ángeles. La hora que tenemos nosotros dos es diferente a la de nuestro amigo en Londres. Ser dogmáticos respecto a la hora no fomenta nuestra amistad. De hecho, podemos ser tan dogmáticos respecto a la hora que eso interfiera en nuestra comunión.

Ahora tenemos a los cristianos de las doce, de las nueve y de las cinco. ¿Quiénes son los auténticos cristianos?

No sacrifiques la comunión por lo que no importa

¿Podría ser que los tres tuviéramos razón? ¿Para mí es tan importante tenerla que estoy dispuesto a sacrificar la comunión respecto a cosas que no son cruciales ni esenciales para el cristianismo?

A lo largo de mi dilatada carrera he descubierto que la mejor manera de evaluar a un hombre es viendo sobre qué es dogmático. Si es dogmático respecto a todo, eso nos dice algo sobre él. Si, por otro lado, es dogmático respecto a las verdades centrales del cristianismo y tiene mucha tolerancia con aquellos que tienen un punto de vista ligeramente distinto de las cosas, eso dice otra cosa sobre esa persona. Admito que me gustaría estar entre los del segundo grupo. No quiero ser tan dogmático respecto a cosas insignificantes que esto perturbe la comunión con alguien que no cree todos los elementos de la profecía bíblica exactamente como los creo yo.

¿Qué pasará cuando vuelva Jesús? ¿Irán con el Señor solamente los que tengan el punto de vista correcto? Y los que tenían otra opinión que resultó ser la equivocada, ¿quedarán atrás? ¿No es estúpido ser dogmático sobre cosas sobre las que las Escrituras no lo son?

Cuando hablamos sobre las doctrinas fundamentales de la fe cristiana, soy tan dogmático como el que más. Hay ciertas verdades que defiendo sin excusas o sin ceder un solo paso. Aparte de estas verdades esenciales, quiero ejercer toda la misericordia posible.

Disciplinas cotidianas para todo creyente

Al concluir este estudio, hemos de mantener ciertas disciplinas en nuestra vida cristiana cotidiana que nos ayuden a no volvernos demasiado dogmáticos.

Confiesa tus pecados

Primero, creo que no debemos permitir que en nuestra vida haya pecados sin confesar. No hay nada que deteriore más la atmósfera espiritual de nuestro caminar con Cristo que el pecado que llevamos a cuestas. John Bunyan escribió todo un libro, *El peregrino*, donde Peregrino llevaba su carga de pecado sobre los hombros. Líbrate de ella. Admite que es pecado. Confiésalo delante de Dios y lávalo en la sangre de Jesús. Debemos llegar a un punto en que despreciemos el pecado en todas sus manifestaciones.

Cuando hablamos de la vida del creyente, debemos entender que el pecado en nuestra vida nos aparta de esa expectativa santa del regreso de Cristo. Si creyésemos que Cristo viene hoy, querríamos borrar todos los pecados inconfesados de nuestra vida. Mientras dejemos pecados sin confesar, lo que decimos en realidad es que no creemos que el Señor vaya a venir ya.

El pecado hace muchas cosas por el cristiano. Creo que lo primero que hace el pecado por el creyente es que lo agota espiritualmente. El pecado tiene el poder de arrebatarnos las fuerzas que necesitamos para vivir la vida cristiana, día tras día, y debilita nuestra expectativa de la bendita esperanza. El pecado también diluye nuestra pasión y nuestro deseo espirituales hasta que están tan aguados que no nos queda esperanza.

Pasa tiempo cada día con la Palabra

El compromiso diario con la Biblia es totalmente esencial. No estoy hablando de "un versículo diario para mantener al diablo alejado". No sé de dónde salió esta frase, pero desde luego no de lo alto. Debemos saturarnos hasta tal punto de la Palabra de Dios que nuestra sangre se vuelva, como dijo Spurgeon, "biblina". Eso me gusta.

Es esencial que aprendamos cómo leer las Escrituras, que meditemos en ellas y nos disciplinemos para memorizarlas. Es totalmente esencial que la Biblia tenga la máxima prioridad en nuestra vida. Ninguna otra cosa debería estar por encima. Todo lo que hacemos debe hundir sus raíces en las Escrituras. Nuestras sesiones matutinas con Dios junto a las Escrituras deberían marcar el patrón y el temperamento de nuestro caminar ese día. No hemos leído de verdad la Biblia hasta que hayamos visto a Jesucristo.

> Parte tú el pan de vida,
> amado Señor, para mí,
> como partiste
> aquellos panes junto al mar;
> más allá de la página sagrada
> te busco, Señor;
> mi espíritu te anhela,
> ¡oh, Verbo viviente!

Quizá la variedad de traducciones modernas dificultan la memorización. Pero el verdadero creyente trascenderá esto y descubrirá por sí mismo tesoros escondidos que nutren el alma. Una vez más, no seamos dogmáticos sobre cuál es la traducción correcta; más bien, seamos dogmáticos sobre el acto de leerla con pasión para encontrar a Cristo y conocerle como el Espíritu Santo desee revelárnoslo.

Desarrolla una vida de oración activa

Luego tenemos la oración. Parece incongruente que todo el mundo crea en la oración y haya tan pocas personas que sepan cómo orar, y menos aún que la practiquen con cierta regularidad. La oración es al mismo tiempo lo más fácil de hacer y lo más difícil que haremos jamás. Hay muchas cosas que militan contra nuestra vida de oración. De entrada, el enemigo del alma humana desprecia el poder de la oración, de manera que intentará debilitarla con todas las fuerzas que pueda reunir.

Siempre me ha gustado lo que dijo el Dr. Moody Stuart (1809-1898) en uno de sus libros. Estaba explicando cuáles eran algunas de las reglas que le guiaban en su vida de oración. Permíteme que te las muestre en una lista:

1. "Ora hasta que ores". Esta me gusta mucho. Muchas personas creen que están orando cuando en realidad lo que hacen es recitar palabras una y otra vez hasta la saciedad. A menudo tardo entre 30 y 40 minutos hasta que llego al punto en que oro de verdad. Muchas veces no es más que una lista mental, una lista de la compra si lo prefieres, de lo que quiero que Dios haga por mí. La oración no es algo que puede hacerse deprisa.

2. "Ora hasta que seas consciente de que te escuchan". Esto también es importante entenderlo. ¿De qué sirve orar y orar, y luego levantarnos sin tener la sensación de que Dios nos ha escuchado? Uno de los aspectos más

importantes de la oración es el de traspasar la "nube del desconocimiento" y llegar a la presencia consciente de Dios. Este es el objetivo de toda oración auténtica: entrar en la presencia consciente del Dios al que servimos, amamos y conocemos, con la confianza de que Él nos ha escuchado. "Y si sabemos que él nos oye en cualquiera cosa que pidamos, sabemos que tenemos las peticiones que le hayamos hecho" (1 Jn. 5:15).

3. "Ora hasta que recibas respuesta". También esto es bastante importante. ¿Durante cuánto tiempo debo orar sobre un tema? Creo que la respuesta es sencilla: oremos hasta que recibamos la respuesta. Oremos hasta que entendamos lo que Dios intenta hacer o decir en esa área de nuestra vida. La oración no es un juego del escondite. La oración consiste en involucrarnos en una relación personal, de uno en uno, con Dios. Él se deleita en abrir su corazón y manifestarse. Se deleita en darnos las cosas que le pedimos.

"Pues si vosotros, siendo malos, sabéis dar buenas dádivas a vuestros hijos, ¿cuánto más vuestro Padre que está en los cielos dará buenas cosas a los que le pidan?" (Mt. 7:11)

Nuestra vida de oración es en realidad el único lugar de nuestra vida en el que podemos practicar la presencia del Señor anticipando el pronto regreso de Jesús. Debemos superar las barreras espirituales y seguir avanzando hasta estar en la presencia de nuestro Señor, que pronto volverá.

Creo que debemos cultivar intencionadamente la disciplina de buscar cada día el rostro de Dios. Esto es algo que debe constituir una pasión de nuestro corazón, no solo una rutina. Cuando nos postramos sobre nuestro rostro delante de Dios, debemos hacerlo con la expectativa de reunirnos con Él, ver su rostro, experimentar la presencia (la presencia manifiesta) de Aquel que viene y al que aguardamos. Es crucial que traspasemos el velo de esa maravilla misteriosa. No es un ejercicio natural, sino más bien espiritual. Hemos de alimentar cuidadosamente nuestra pasión por Cristo con pensamientos elevados acerca del propio Dios extraídos de las Escrituras.

El propósito de estas disciplinas es apartarnos cada día del mundo. A menudo he dicho, y seguiré diciendo, que estamos demasiado involucrados con el mundo, incluso en la Iglesia. Debemos llegar al punto en que el mundo no nos fascine, sino que estemos totalmente cautivados por la bendita esperanza. Todas estas cosas crearán en nosotros la expectativa de esperar el pronto regreso del Señor Jesucristo.

Sí, ven, Señor Jesús.

Vanos son los placeres terrenales
David Everard Ford (1797-1875)

Vanos son los placeres terrenales,
y el oro puro se mezcla con cenizas;
busquemos pues los bienes celestiales,
tesoros que jamás pierden su lustre.

Centremos nuestro puro afecto
en aquello que rodea el trono;
donde ladrones no roban,
donde óxido y polilla no corrompen.

Los gozos terrenales nos hastían;
quisiéramos a todos renunciar;
nuestro único reposo es Jesucristo,
nuestro Señor y Maestro le llamamos.

La fe, que alienta nuestras almas lánguidas,
señala a mundos más brillantes en lo alto;
nos pide que esperemos su venida,
nos pide que triunfemos en su amor.

Que nuestra luz jamás se apague,
que nuestros lomos ceñidos estén,
esperando la venida del Señor,
anhelando el clamor de bienvenida.

Con este ornato la vida cristiana
jamás temerosa tendrá por qué estar,
tanto si regresa por la noche o la mañana,
al pronto amanecer o por la tarde.

A. W. Tozer dijo: "El peligro se acerca a la vida cristiana desde tres frentes: el mundo en el que vivimos, el dios de este mundo y nuestra carne corrompida". Tozer centra la atención en esos pocos creyentes que prestarán atención al llamado a despertarse en medio de la gran tentación al mal que nos rodea y confiarán en que Dios siempre obra cuando hay uno o dos que escuchan su voz y se niegan a cansarse en su búsqueda de Él.

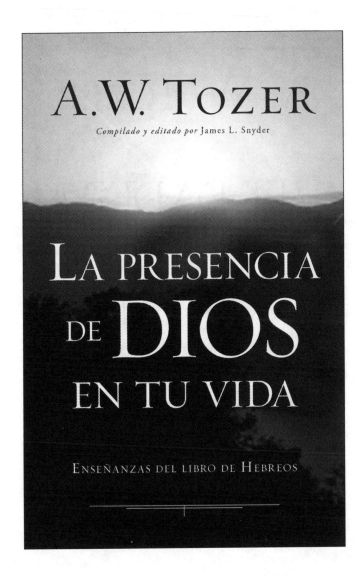

A.W. TOZER

Compilado y editado por James L. Snyder

LA PRESENCIA DE DIOS EN TU VIDA

ENSEÑANZAS DEL LIBRO DE HEBREOS

Esta es una colección nunca antes publicada de las enseñanzas del libro de Hebreos, adaptadas de los sermones predicados por Tozer.

Este pastor y maestro de renombre examina en las páginas de este libro lo que significa vivir en la presencia de Dios. Únete a él para explorar el repaso histórico presentado en esta epístola, y verás tus propias luchas retratadas en las "historias de héroes" relatadas en ella. Por medio de la enseñanza y los comentarios perspicaces de Tozer, esta antigua carta invita a los creyentes de hoy a entender y experimentar la presencia de Dios en su vida.

A. W. TOZER

Compilado y editado por James L. Snyder

LA
VERDADERA VIDA CRISTIANA

ENSEÑANZAS DE 1 PEDRO

Muchos cristianos conocen actualmente el nombre, y tal vez incluso algunos de los escritos de A. W. Tozer, pero viven pocos hoy en día que fueran bendecidos al poder escuchar su enseñanza semanal desde el púlpito. En esta colección nunca antes publicada de enseñanzas sobre1 Pedro, se han adaptado sermones predicados por Tozer en los que examina lo que significa llamarse a sí mismo un cristiano.